George Gershwin

RHAPSODY IN BLUE™

PIANO DUET

SECONDO

GEORGE GERSHWIN
Arranged by HENRY LEVINE
after the original Score

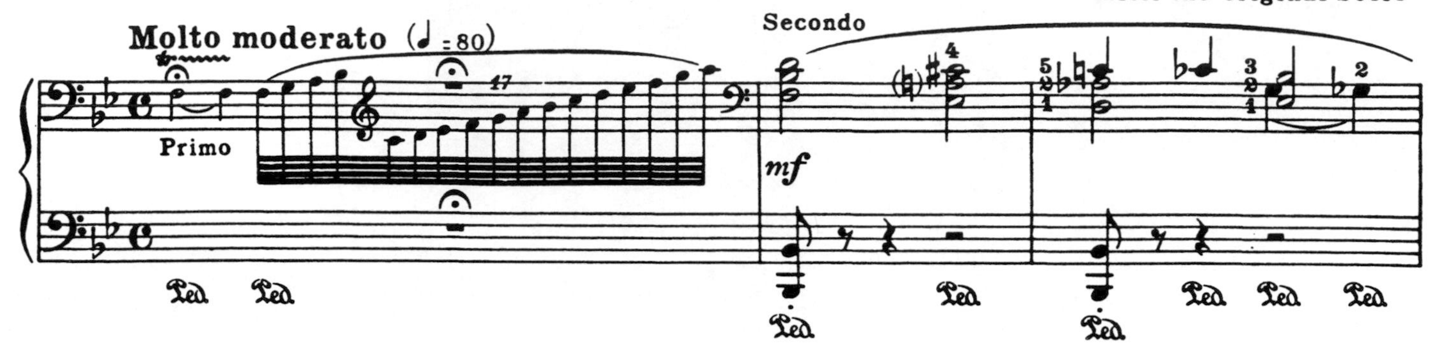

RHAPSODY IN BLUE™

PIANO DUET

GEORGE GERSHWIN
Arranged by HENRY LEVINE
after the original Score

PRIMO

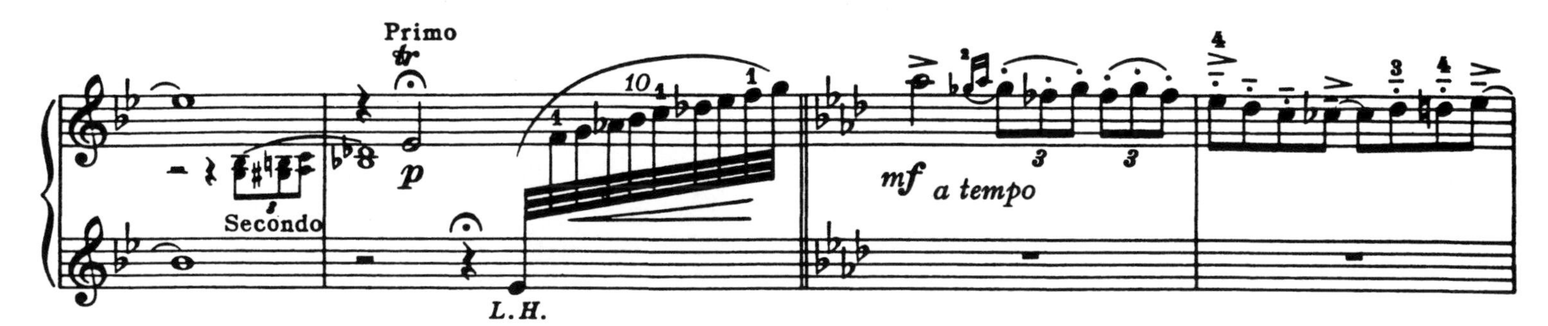

SECONDO

ff energico più mosso

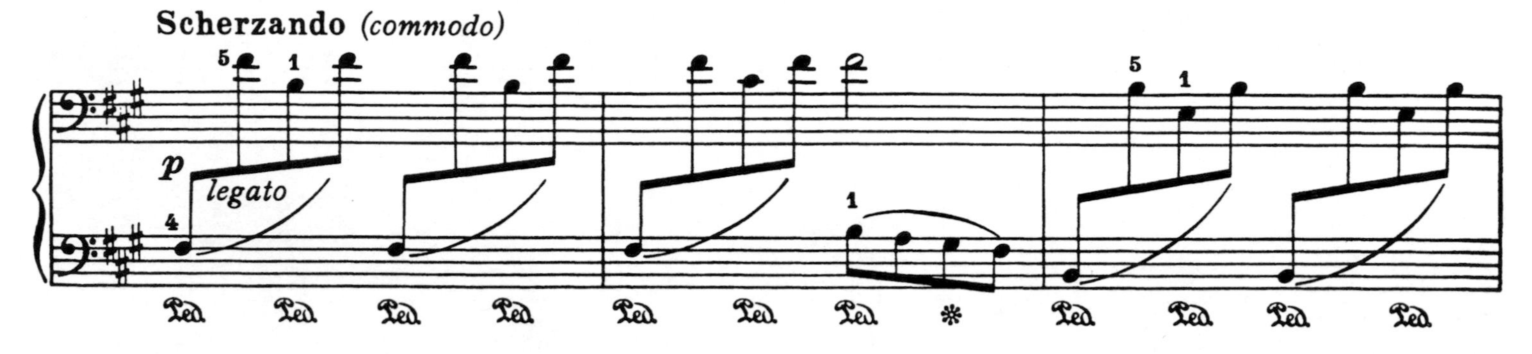
Scherzando (commodo)
p legato

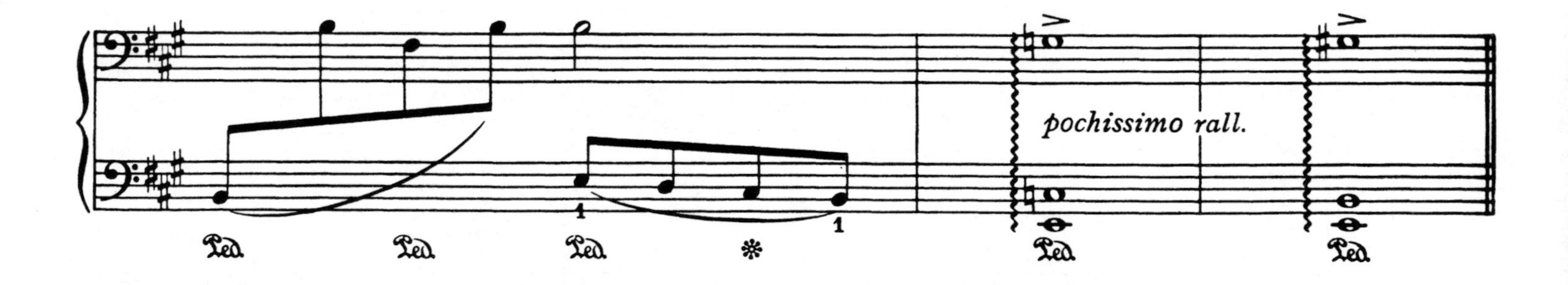
pochissimo rall.

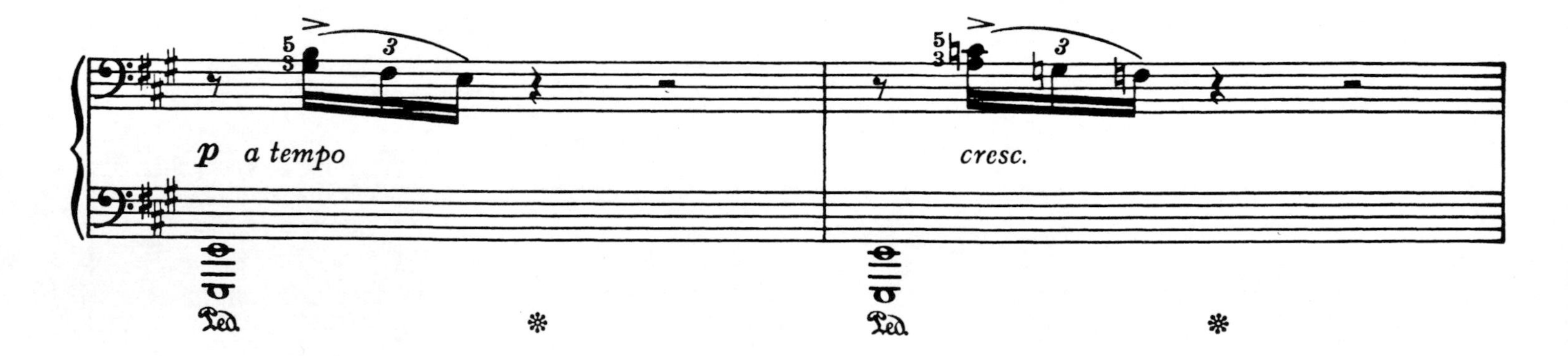
p a tempo
cresc.

f martellato

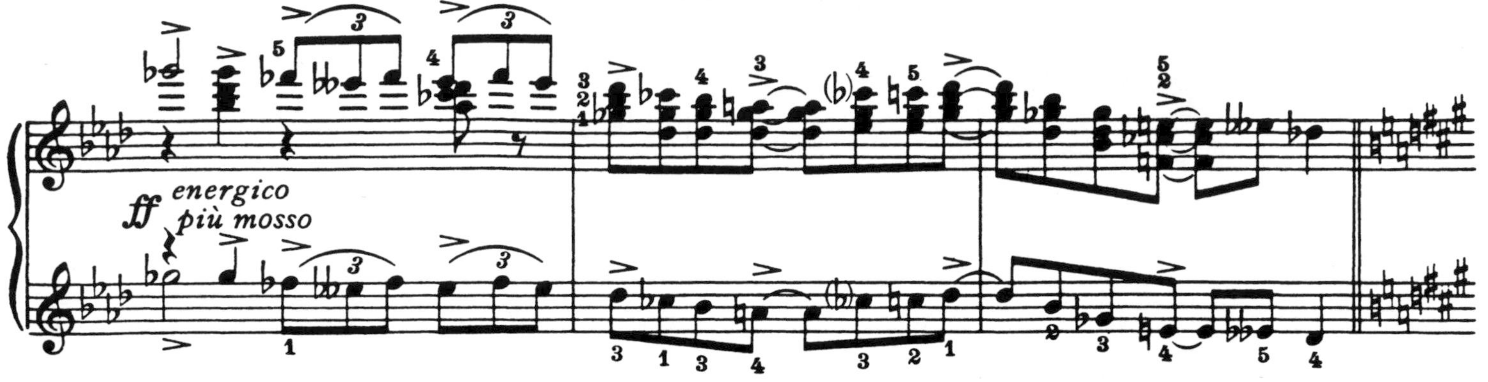
ff energico
più mosso

Scherzando (commodo)
mp

pochissimo rall.

R.H.
ten.
p a tempo
L.H.
cresc.

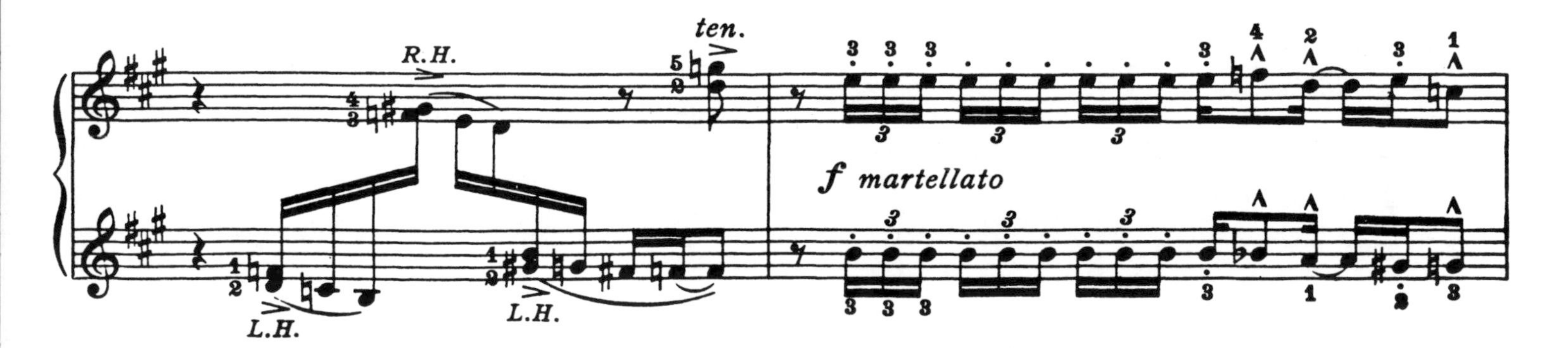
R.H.
ten.
L.H.
f martellato

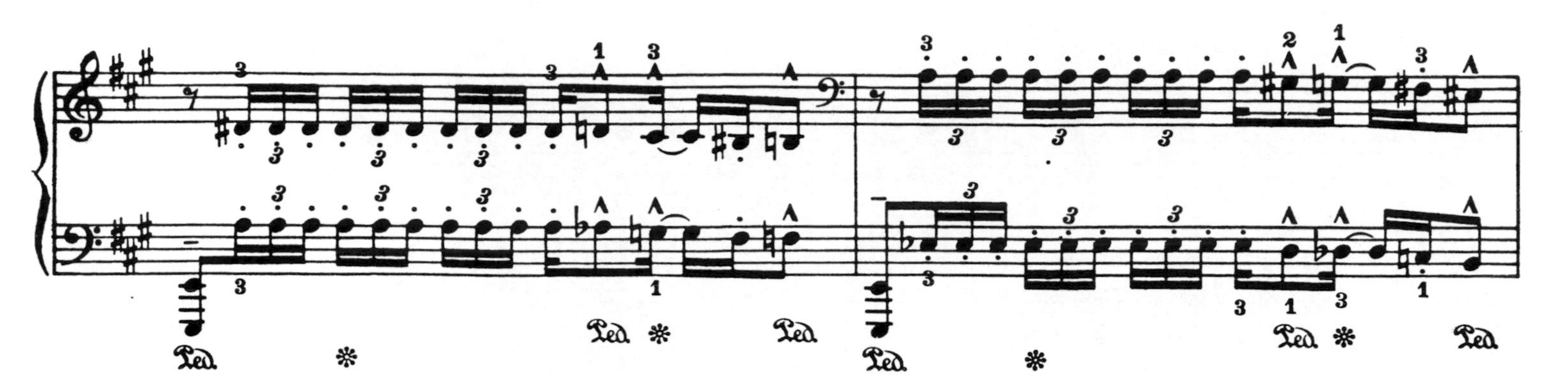

ff
pp
Primo
poco rall.
17

mf a tempo

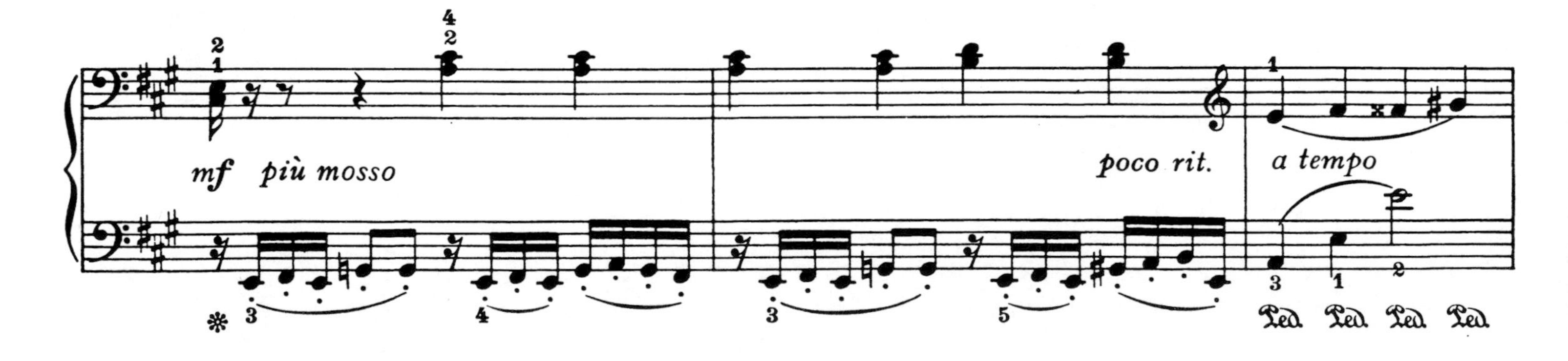
mf più mosso
poco rit.
a tempo

più mosso

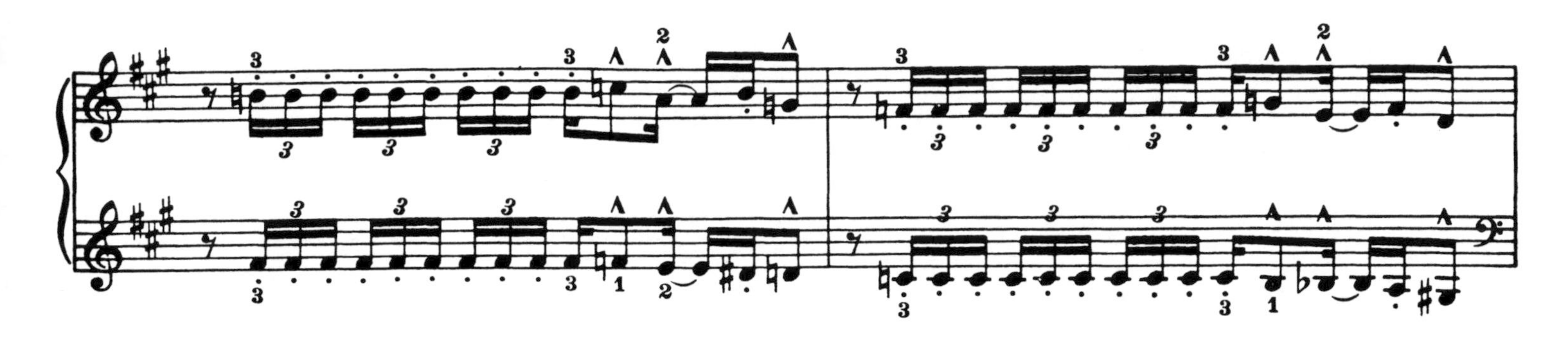

ff
pp
R.H.
L.H.
poco rall.

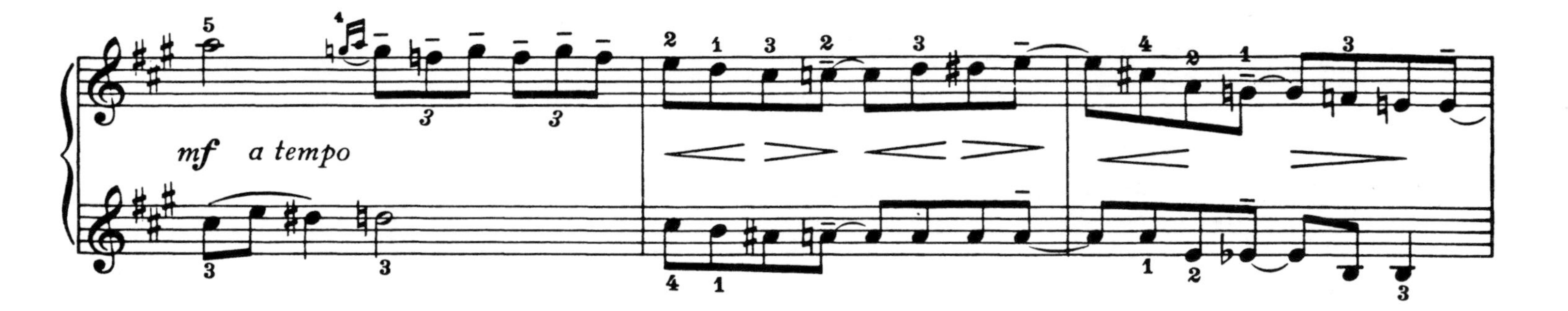
mf a tempo

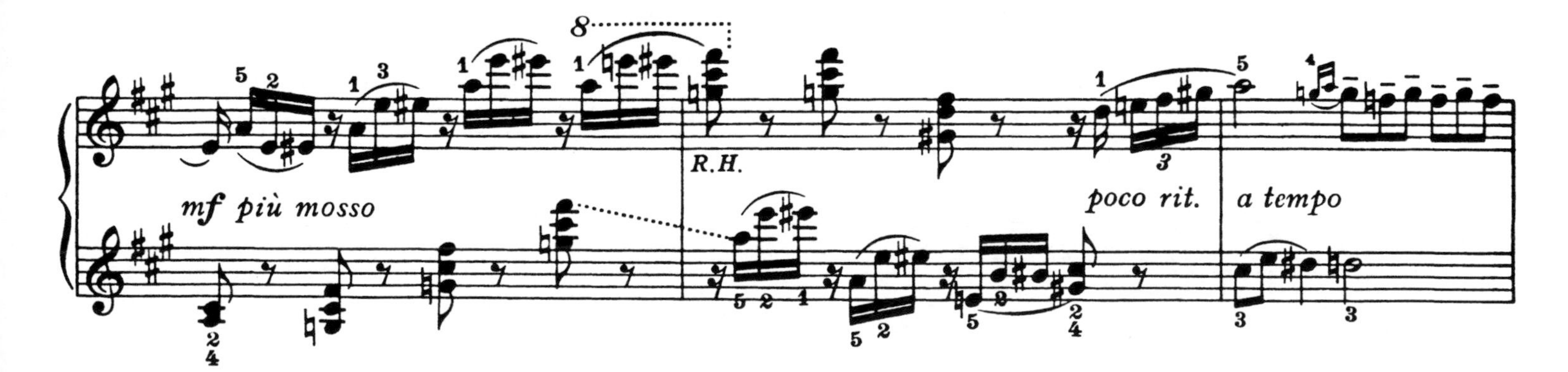
mf più mosso
R.H.
poco rit.
a tempo

più mosso

poco rit.
p tranquillo

f deciso
p scherzando

Poco agitato
p
poco cresc.
mf

cresc.

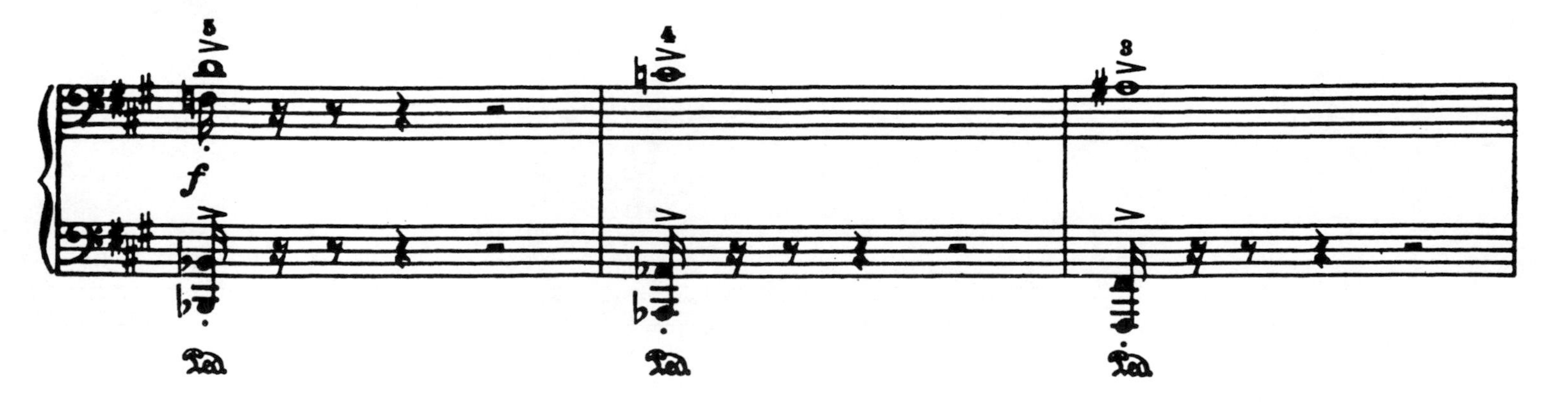
f

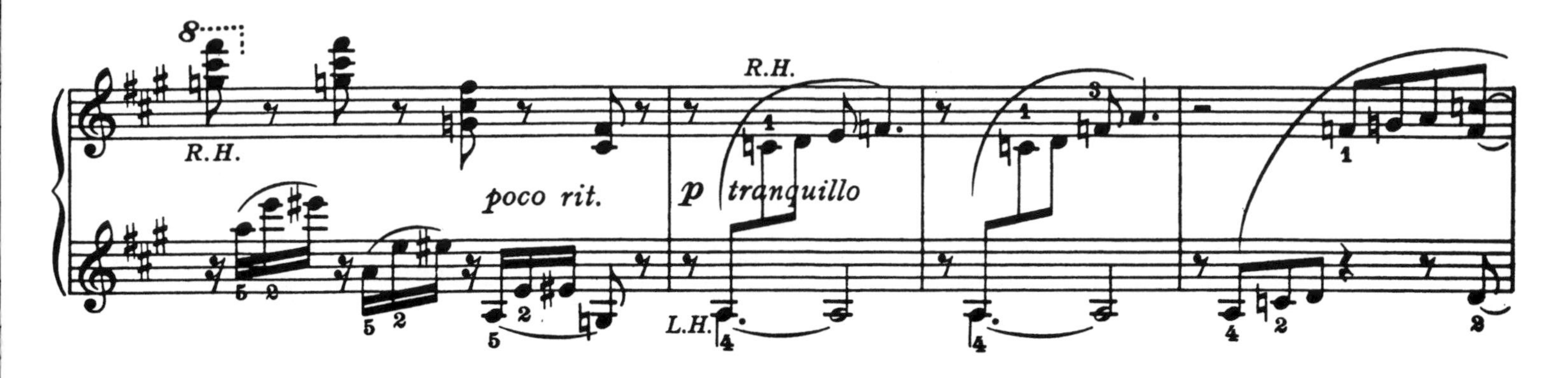
R.H.
poco rit.
p tranquillo
L.H.

f deciso
p scherzando

Poco agitato
poco cresc.
mf

cresc.

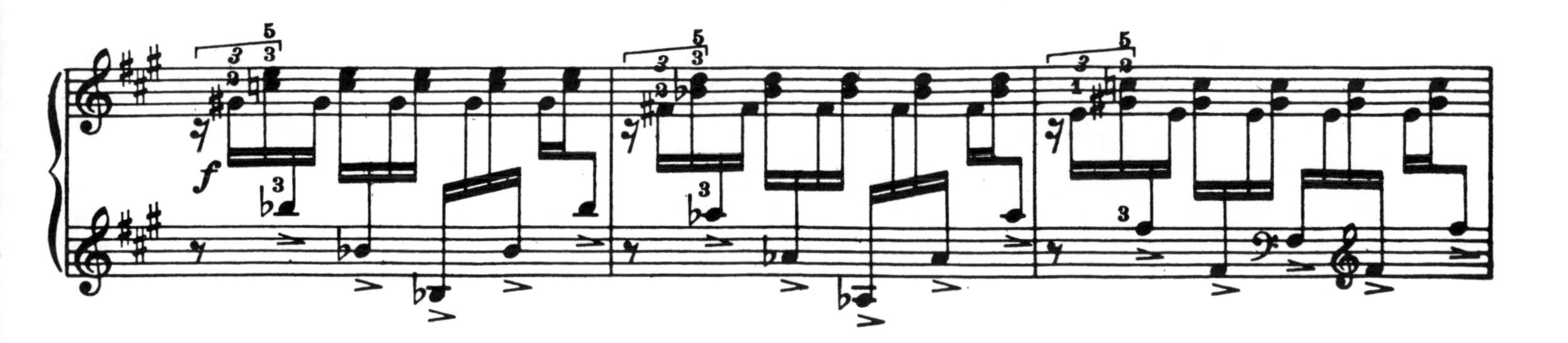
f

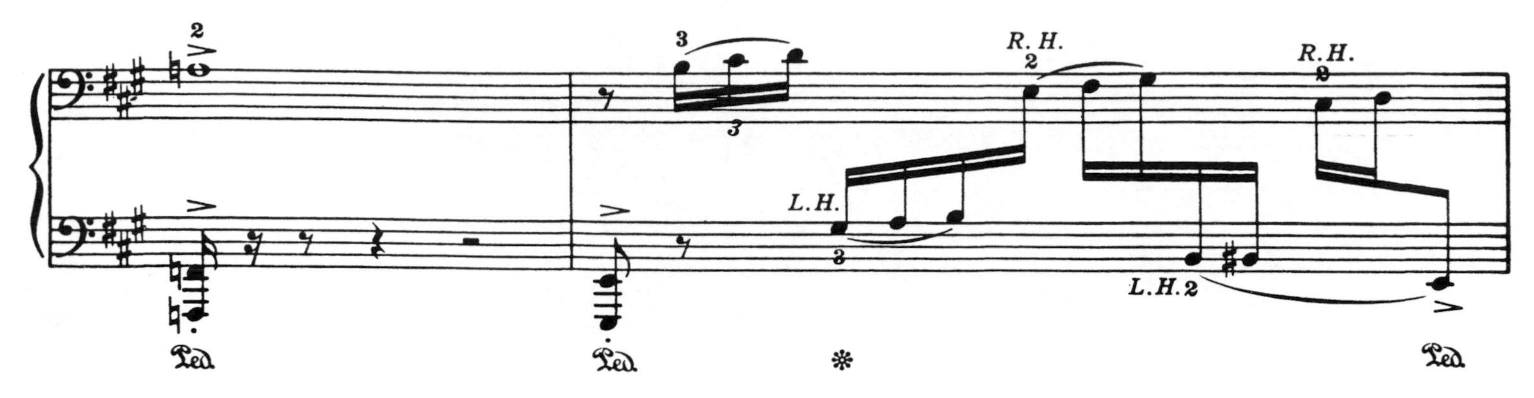

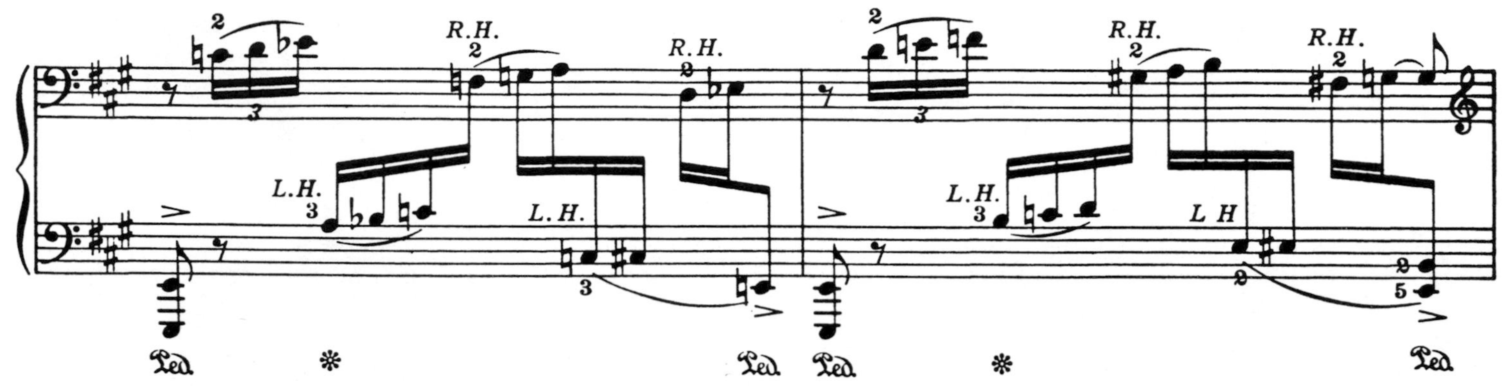

Tempo giusto

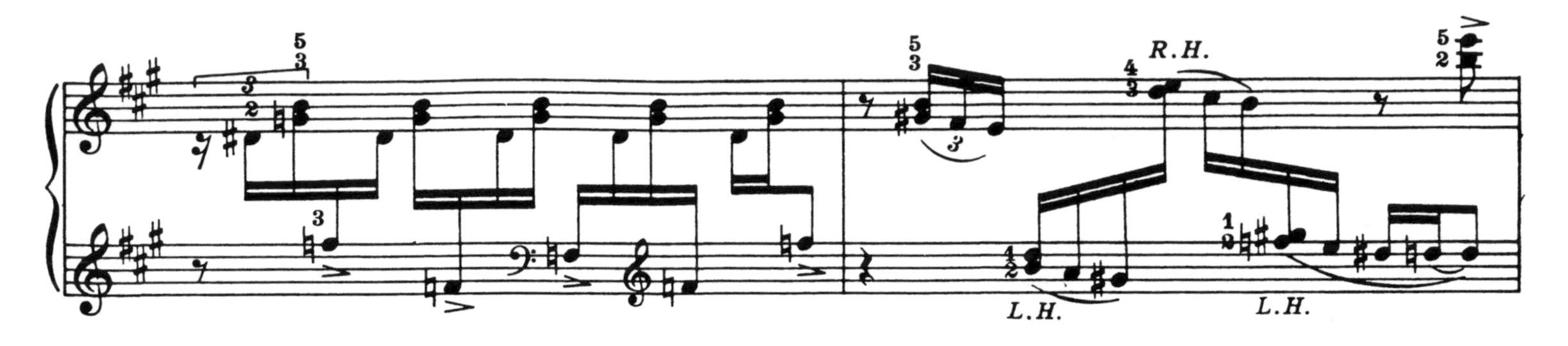
R.H.
L.H.
L.H.

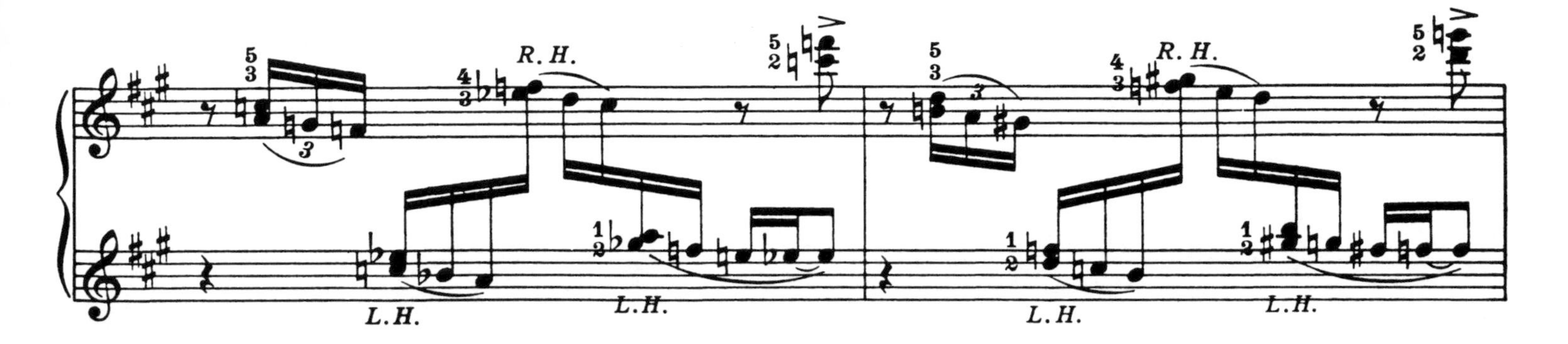
R.H.
R.H.
L.H.
L.H.
L.H.
L.H.

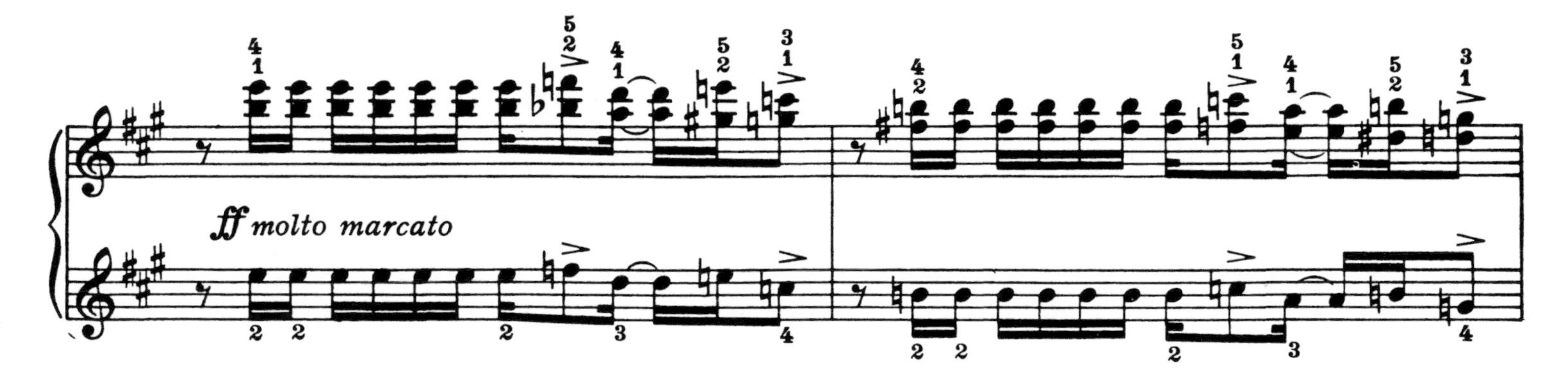
ff molto marcato

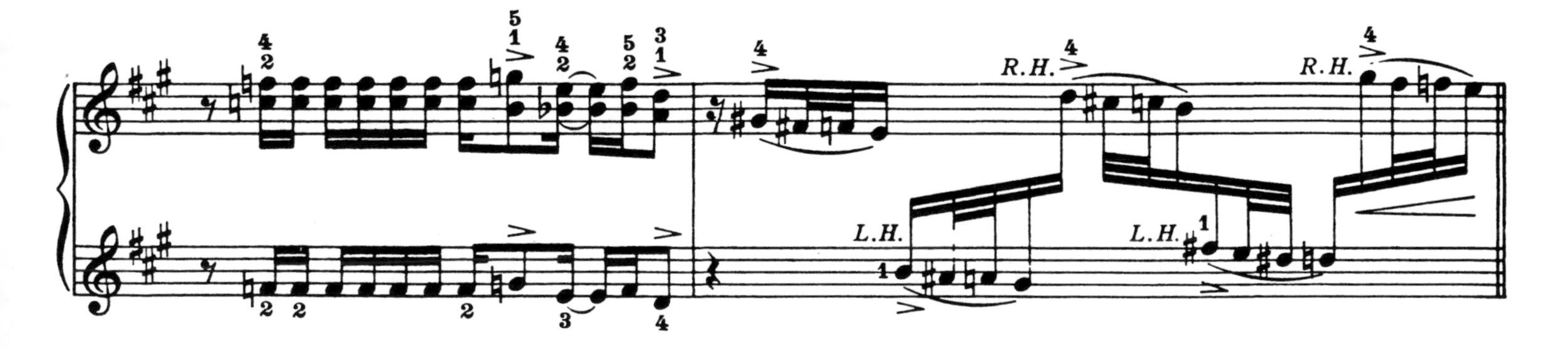
R.H.
R.H.
L.H.
L.H.

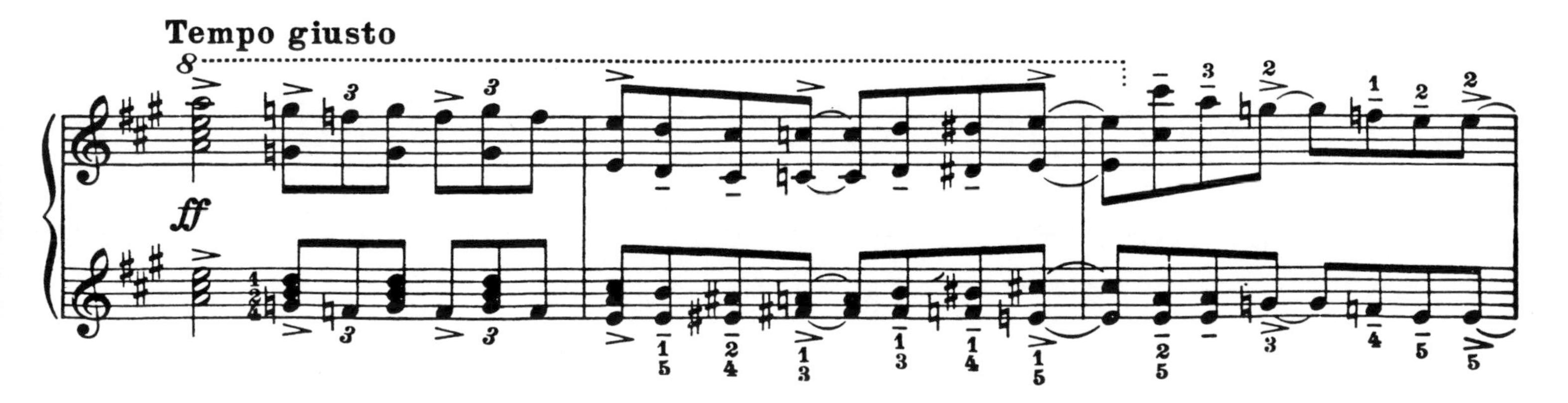
Tempo giusto
8
ff

SECONDO

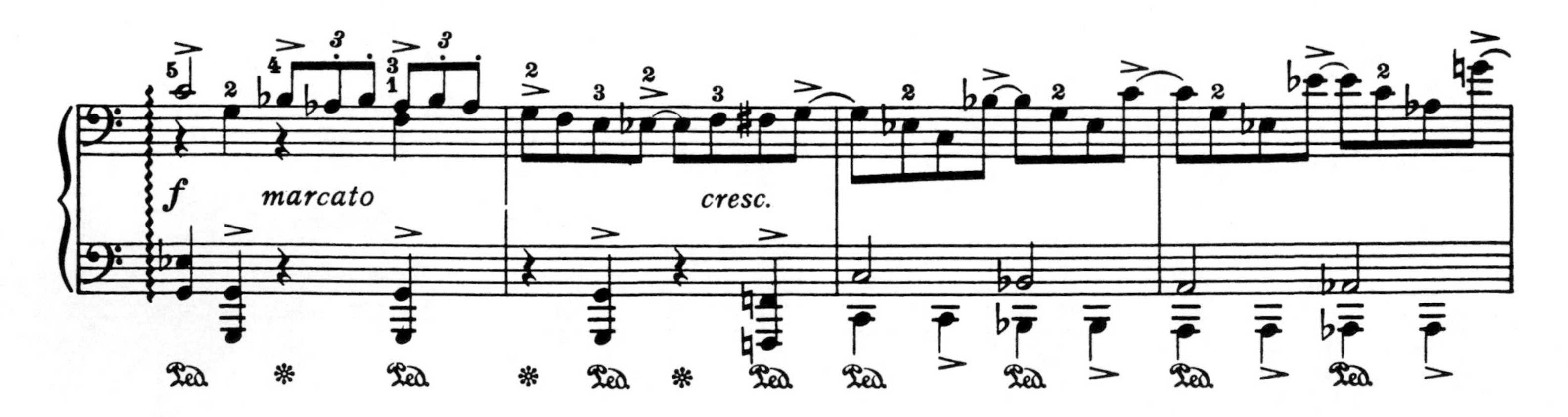

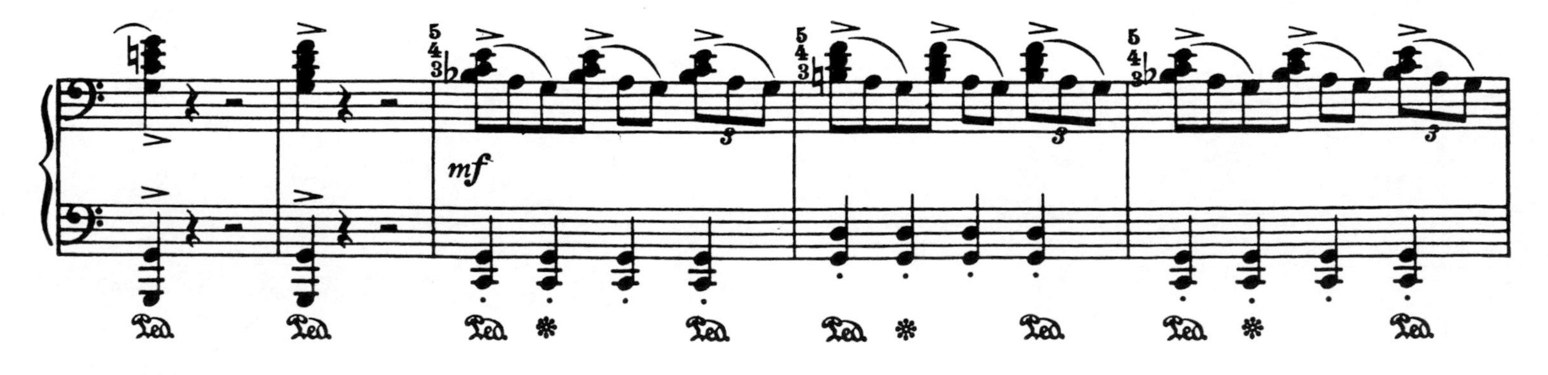

non troppo f
Sopra

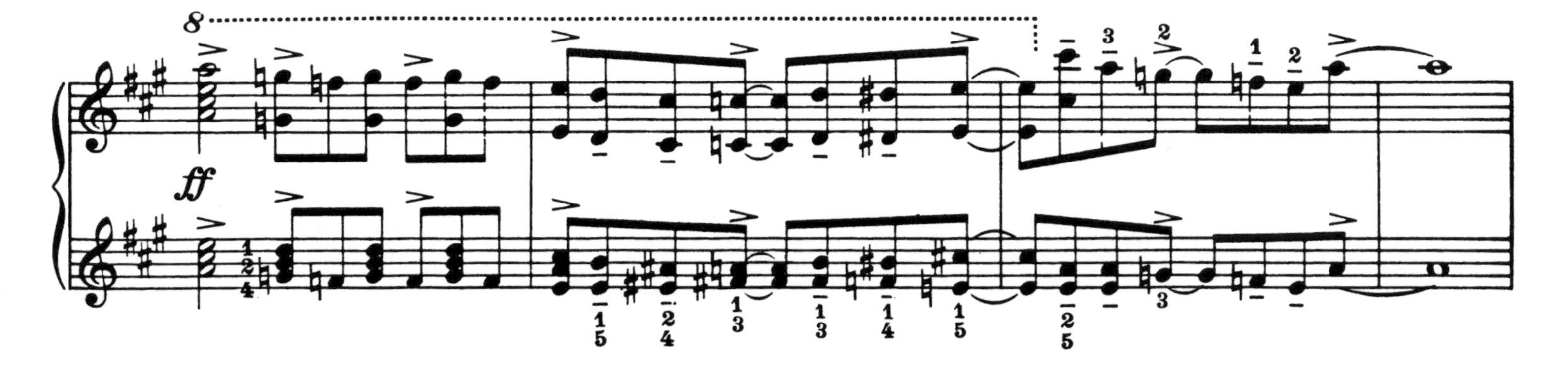
ff

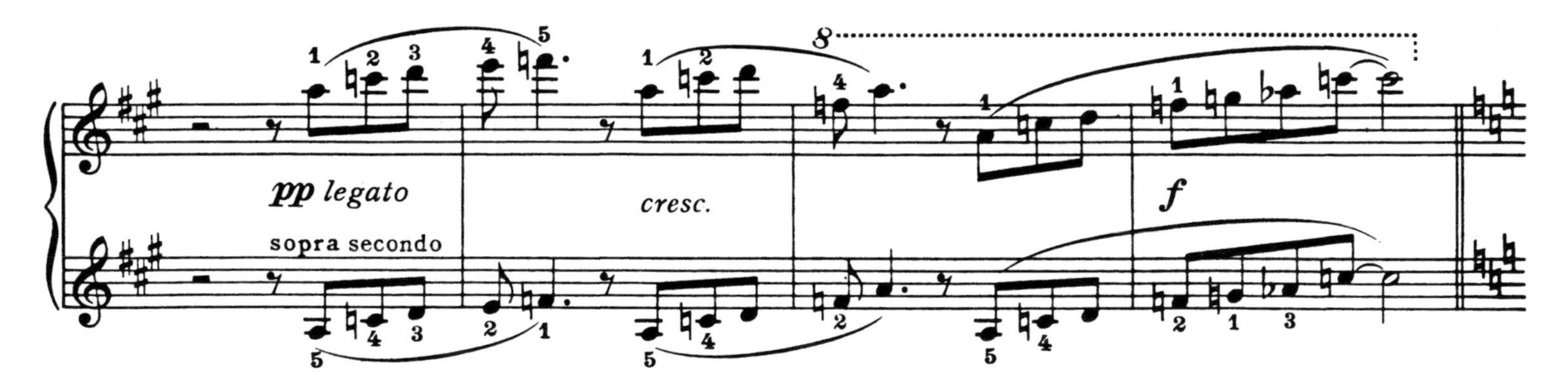
pp legato
sopra secondo
cresc.
f

sff
cresc.
ff

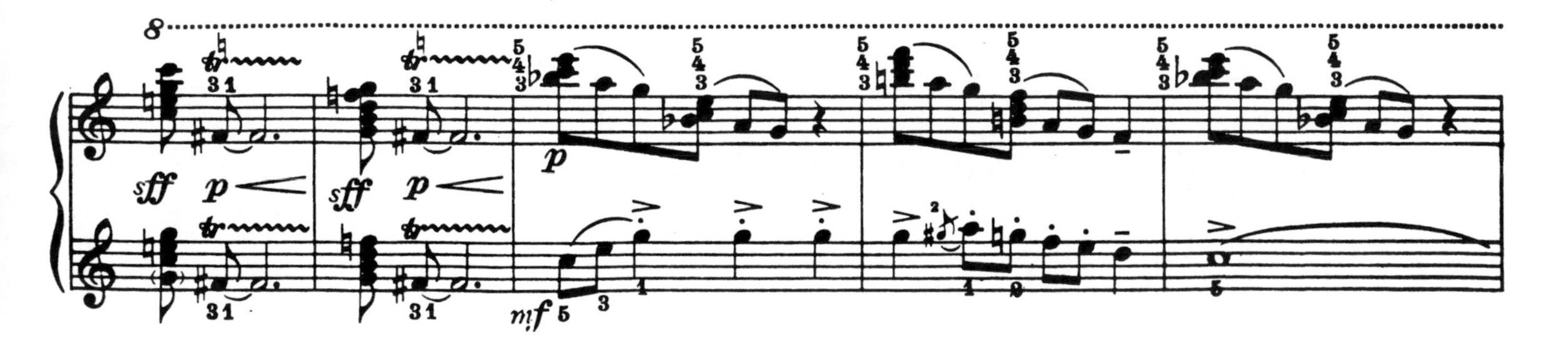
sff
p
mf

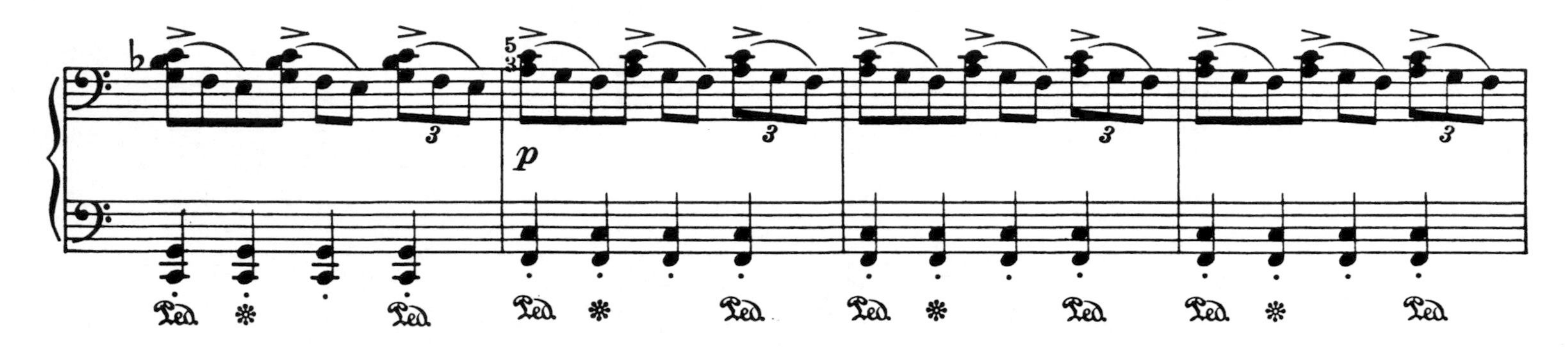
p

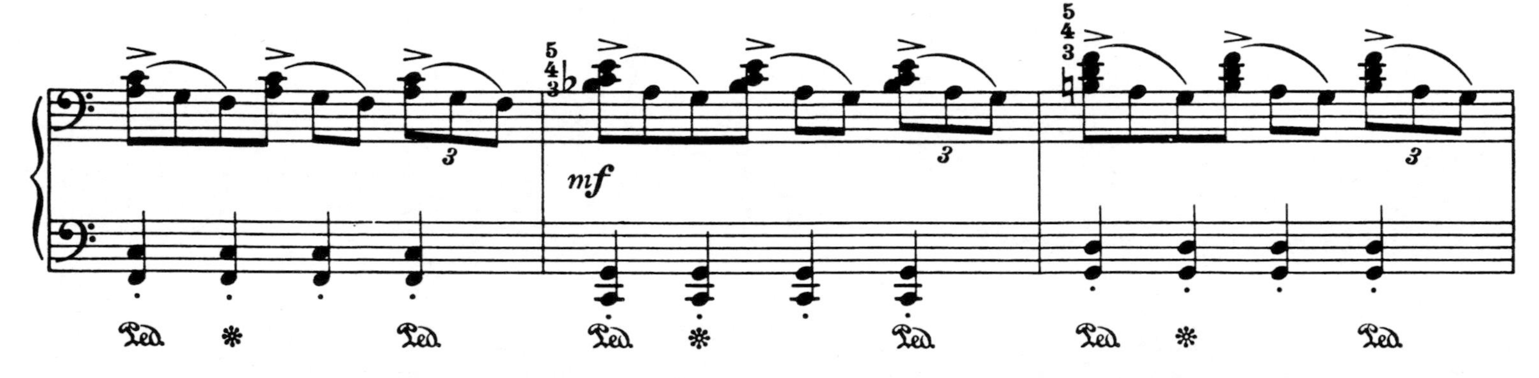
mf

p
cresc.
L.H.
R.H.
sfz

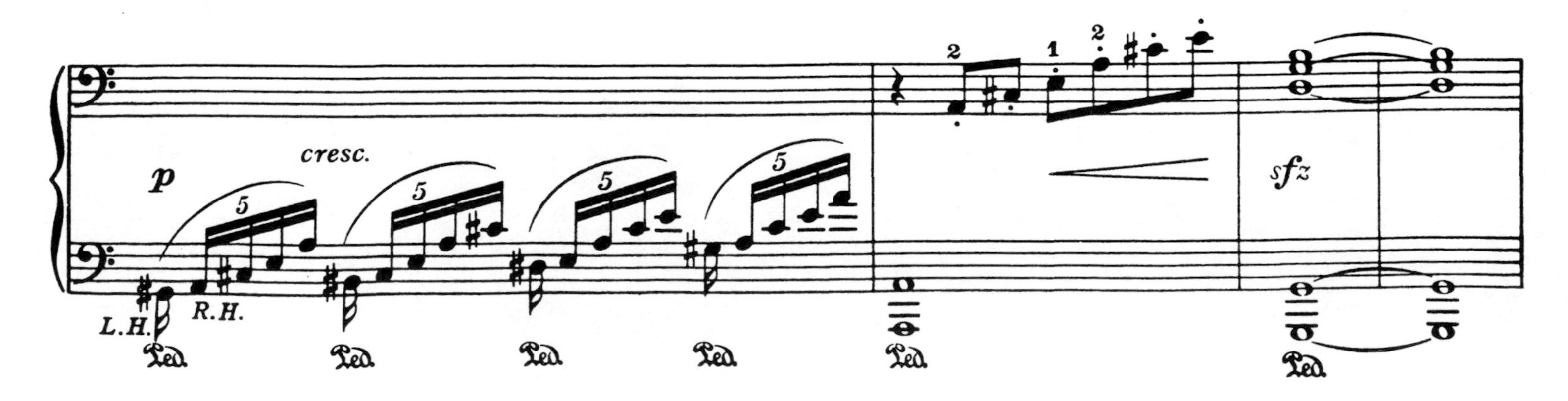
p
cresc.
L.H.
R.H.
sfz

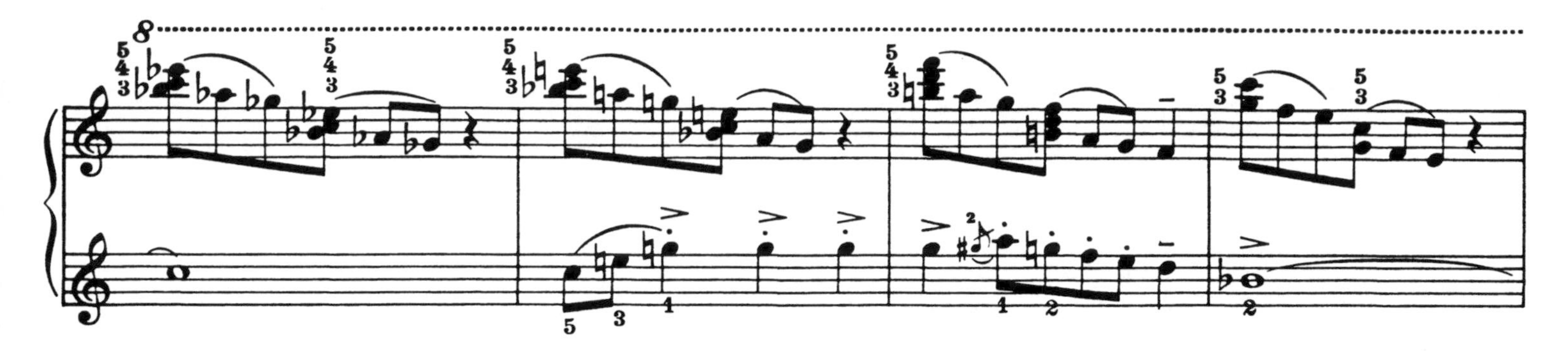
8

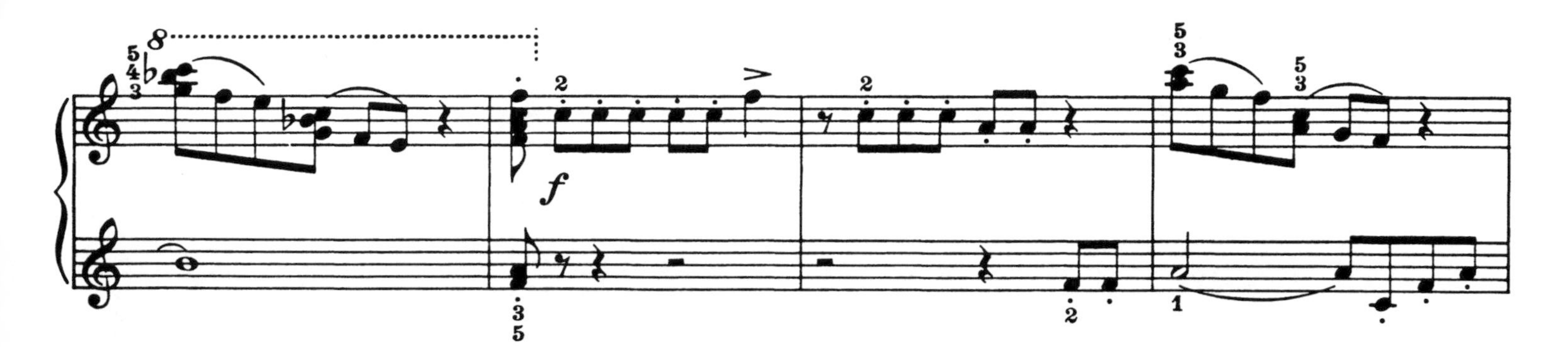
8
f

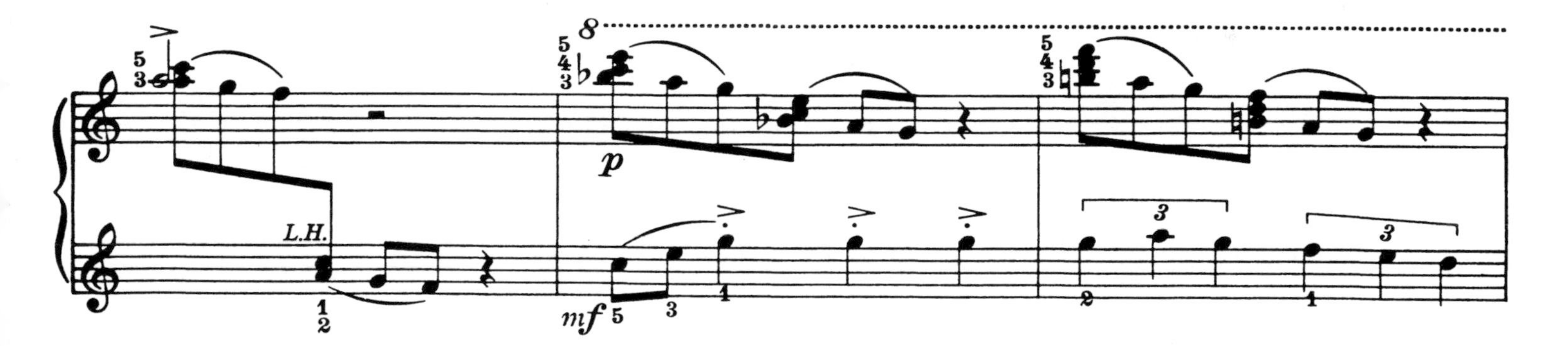
L.H.
8
p
mf

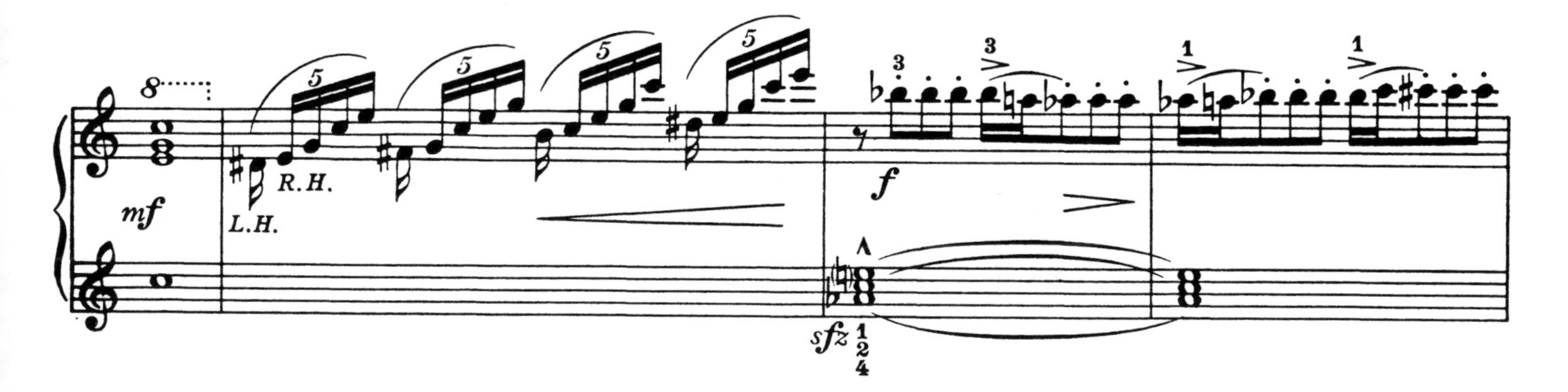
8
mf
R.H.
L.H.
f
sfz

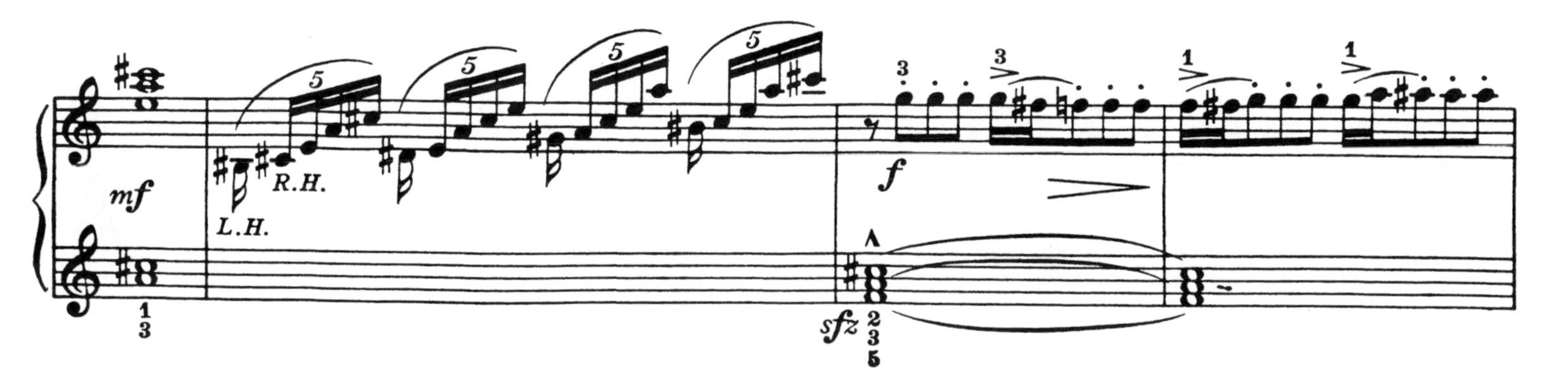
mf
R.H.
L.H.
f
sfz

SECONDO

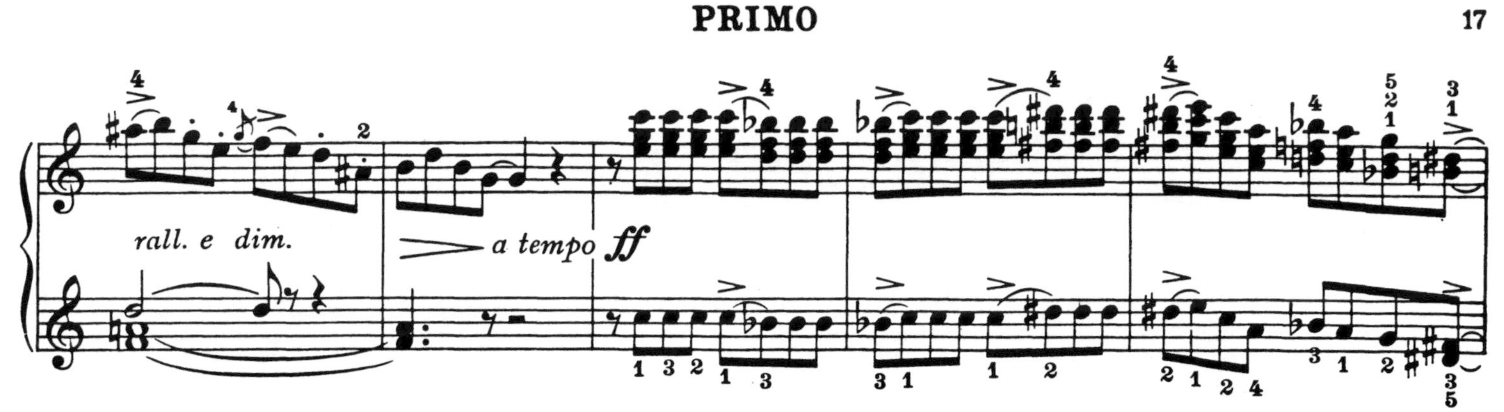
rall. e dim.
a tempo ff

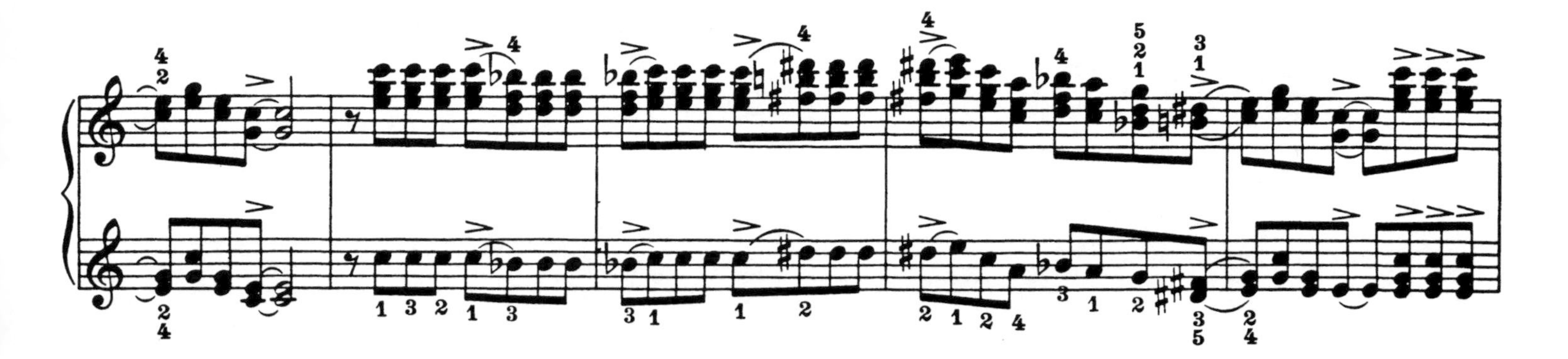

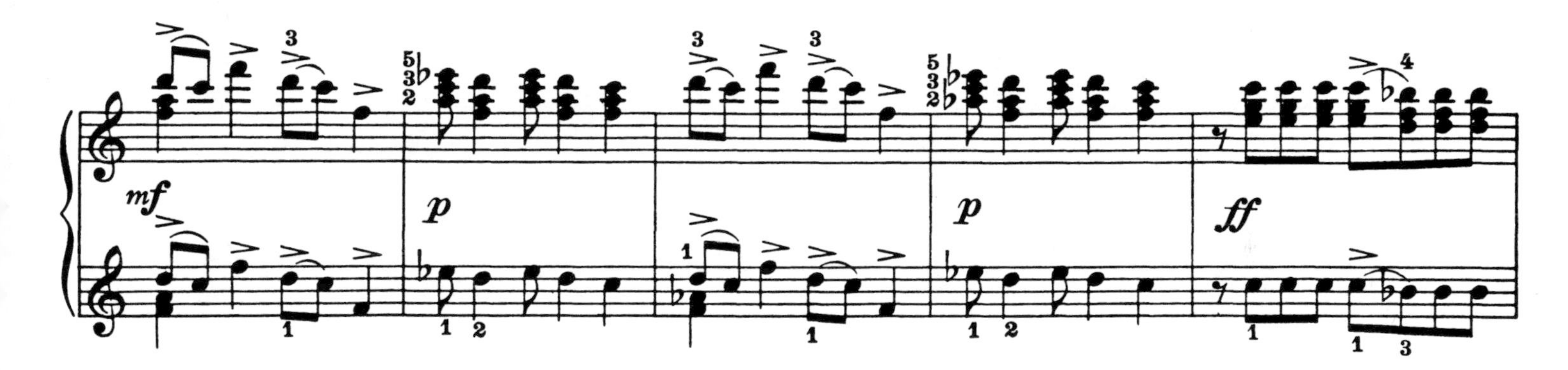
mf
p
p
ff

mf con licenza
meno

Secondo
p rit.
ff a tempo

SECONDO

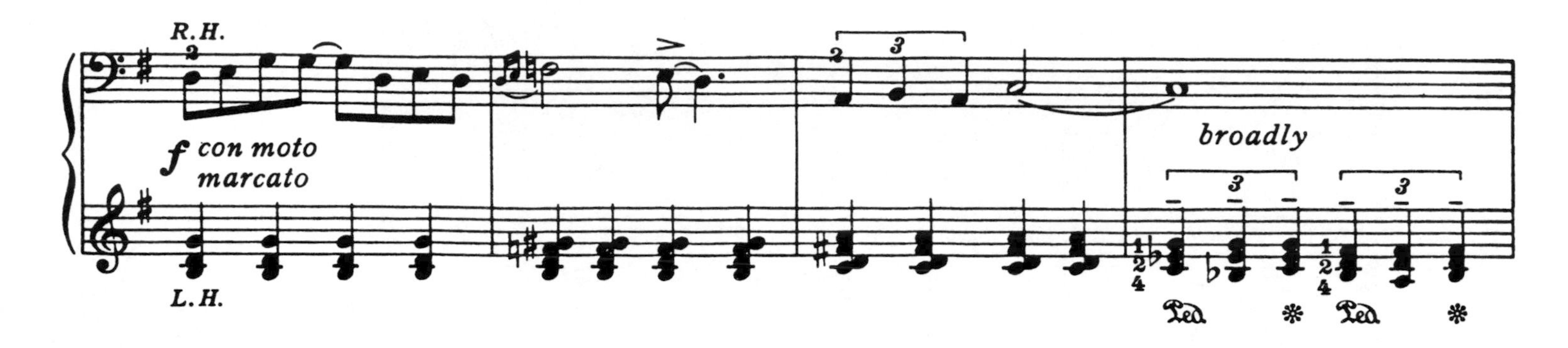
R.H.
f con moto
marcato
L.H.
broadly

con moto

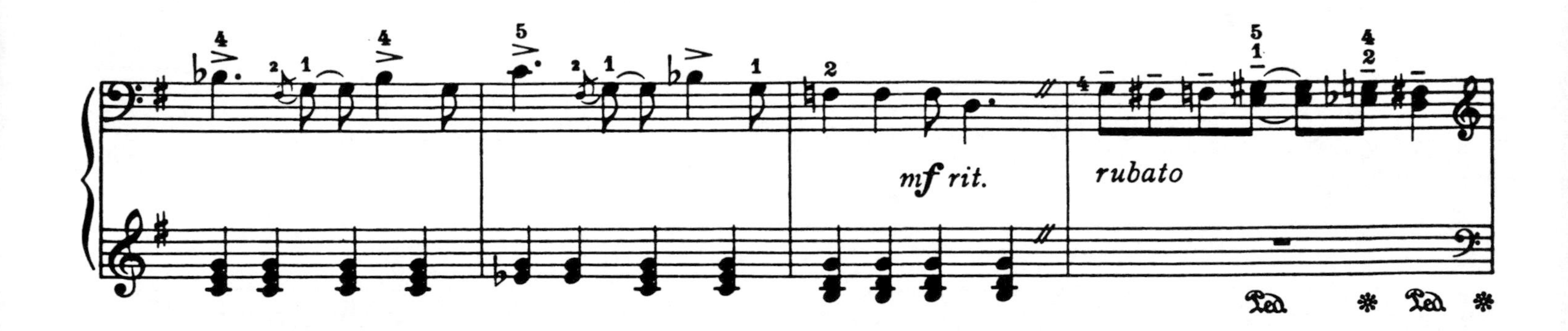
mf rit.
rubato

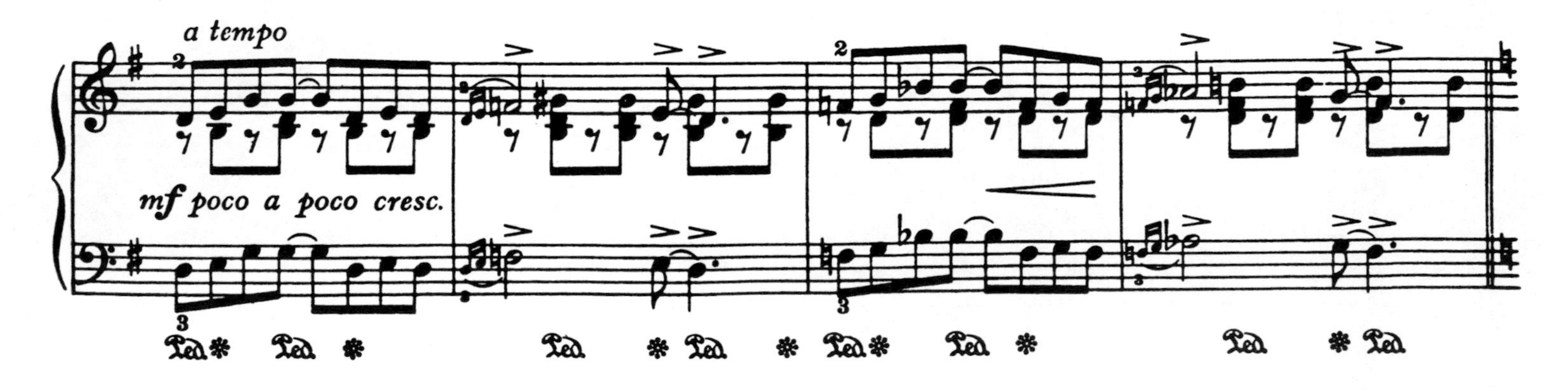
a tempo
mf poco a poco cresc.

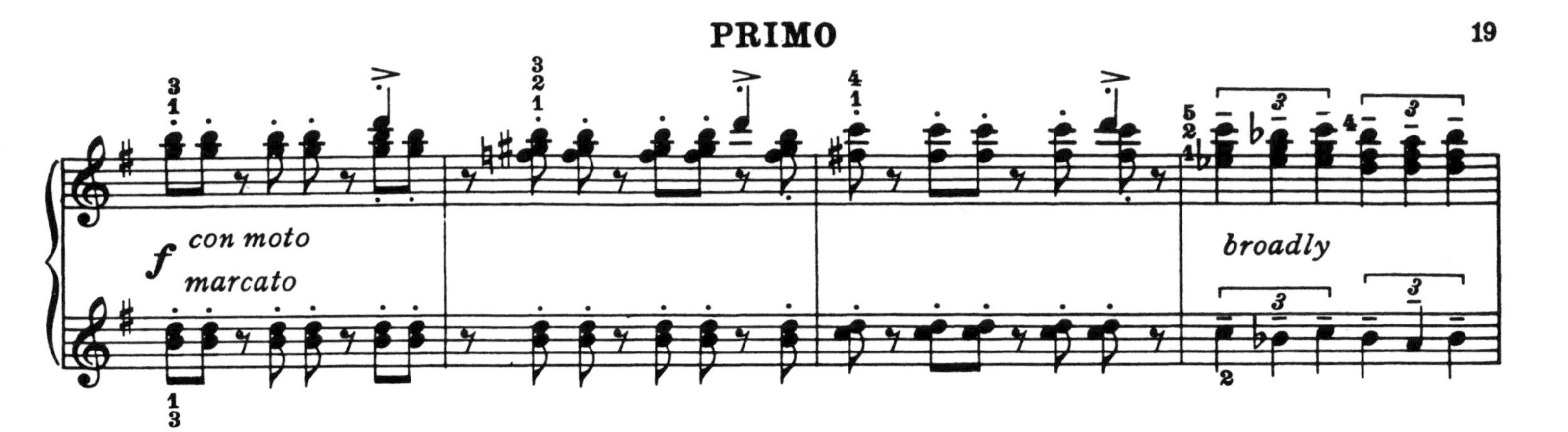
f
con moto
marcato
broadly

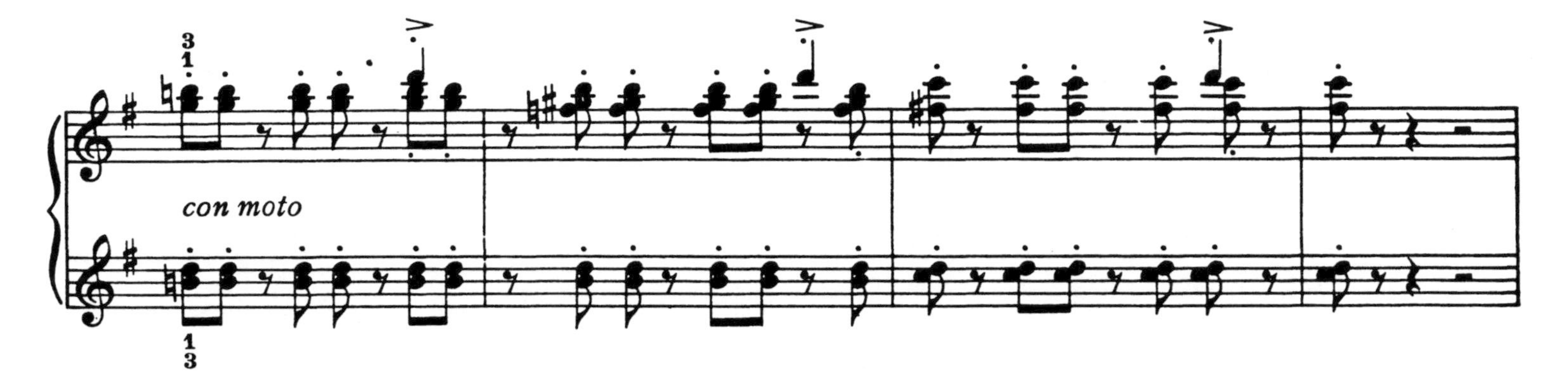
con moto

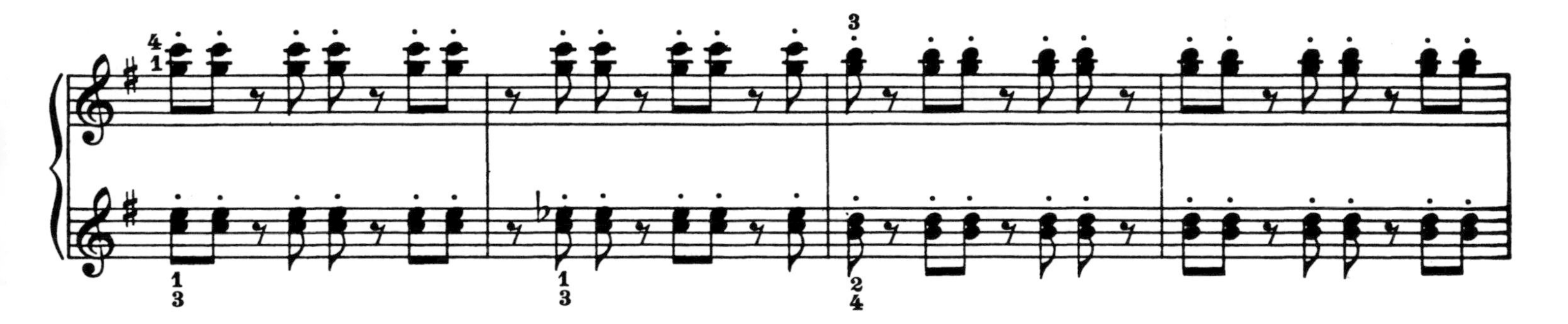

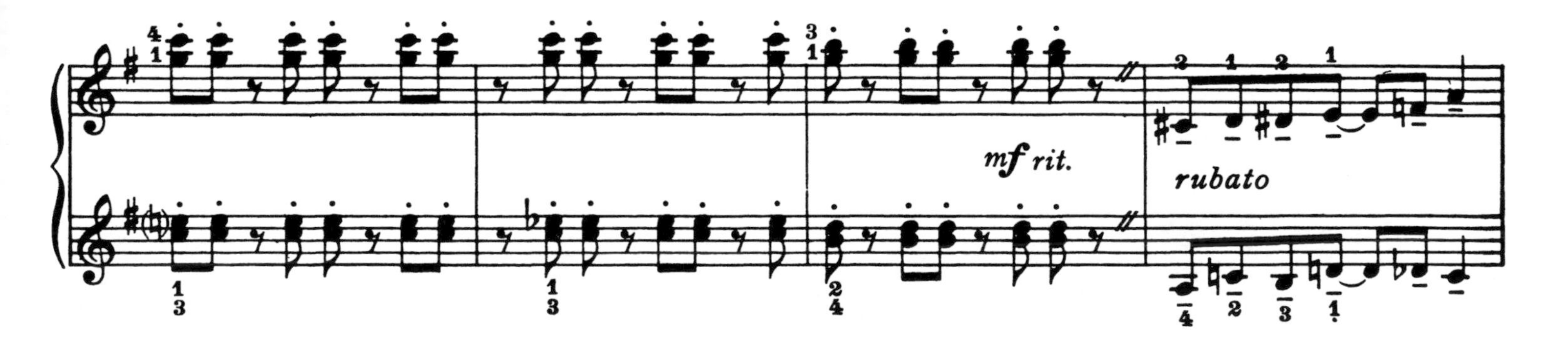
mf rit.
rubato

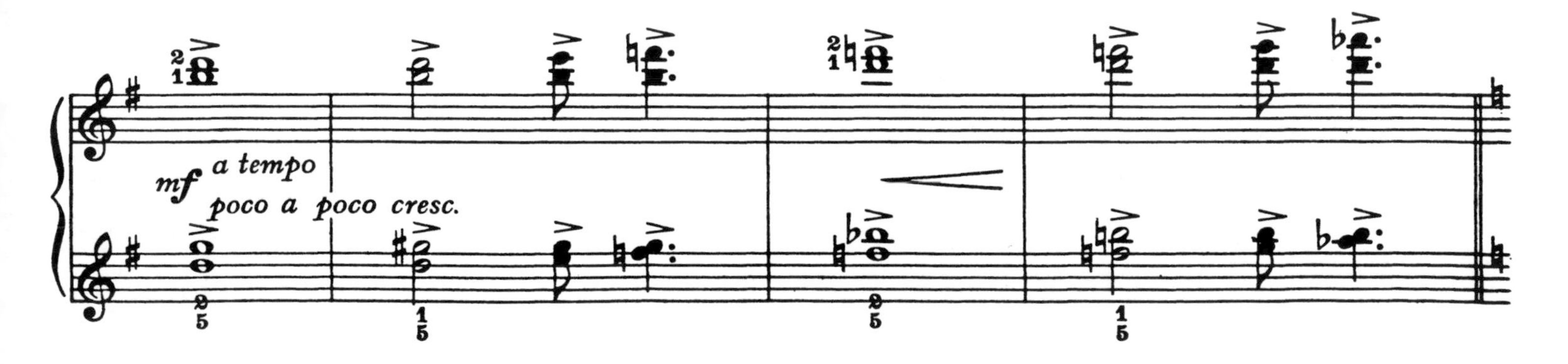
mf
a tempo
poco a poco cresc.

ff animato
pp

f
pp

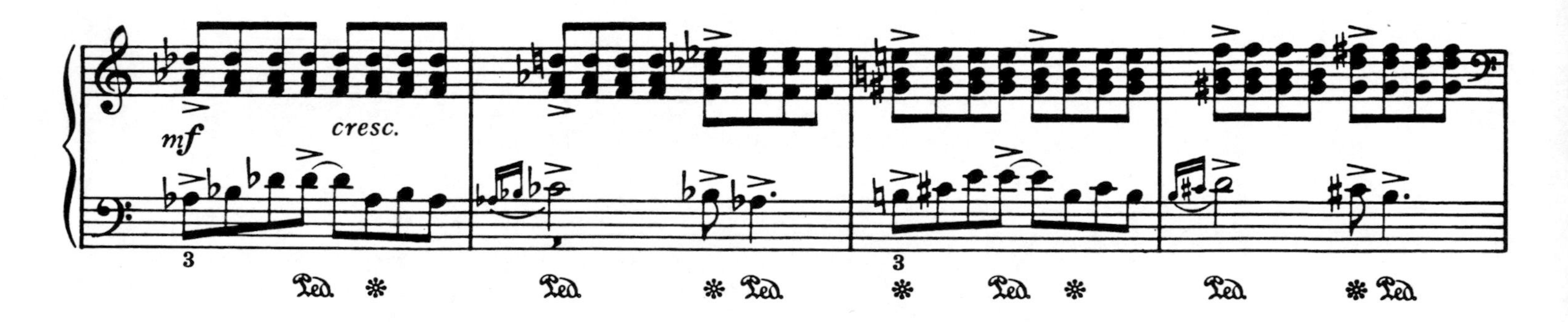

mf
cresc.

Ossia
R.H.
L.H.
f
L.H. R.H.

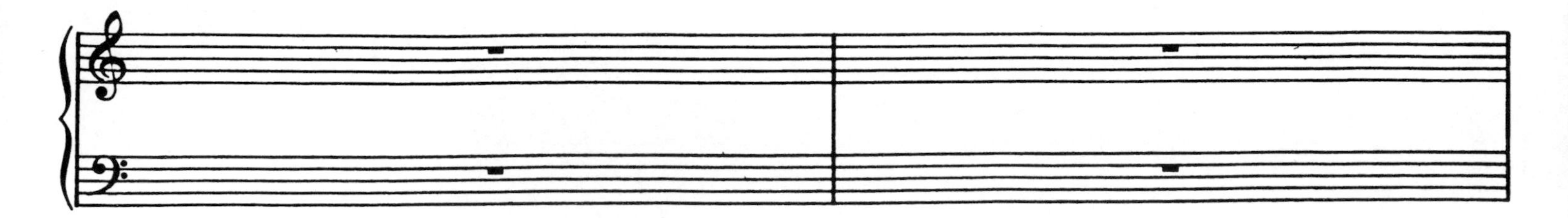

ff animato
f

ff
f

mf
cresc.

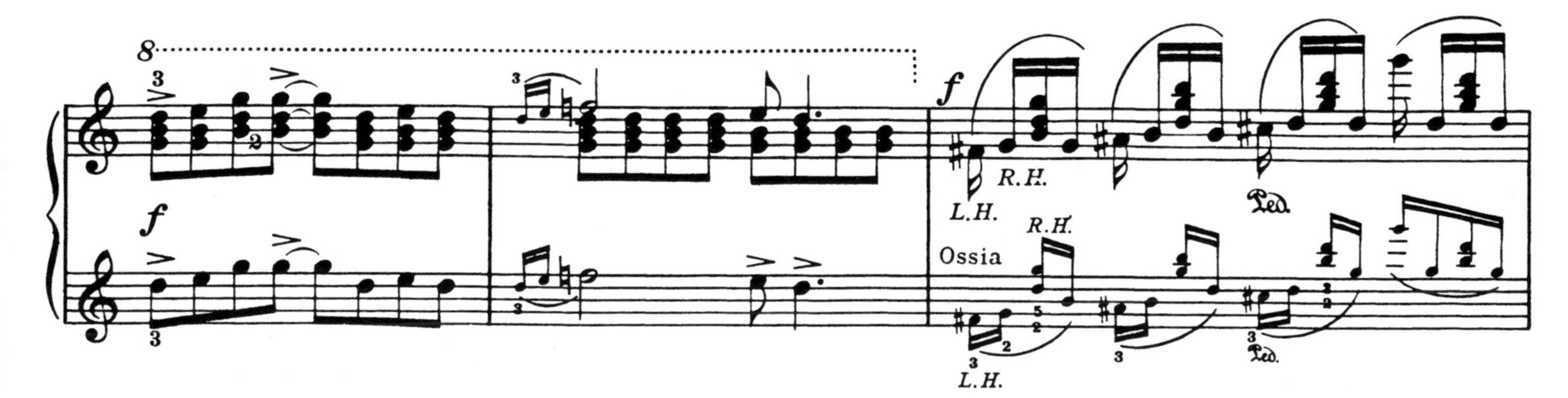
f
f
R.H.
L.H.
R.H.
Ossia
L.H.

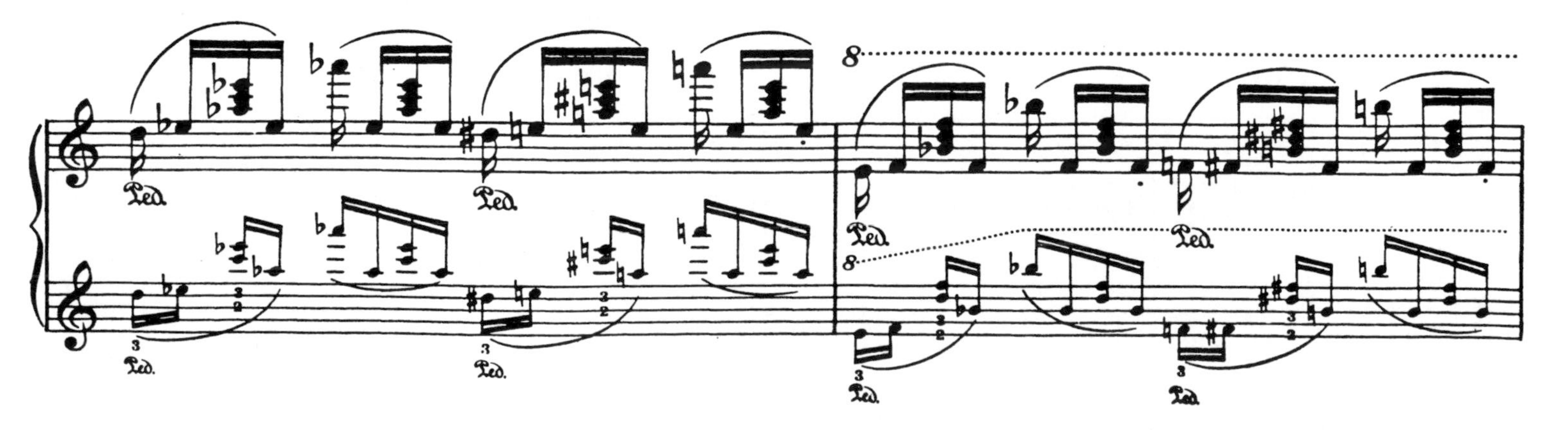

p
poco a poco cresc.
ffz

Meno mosso e poco scherzando
rall. e dim.
p slower and marked

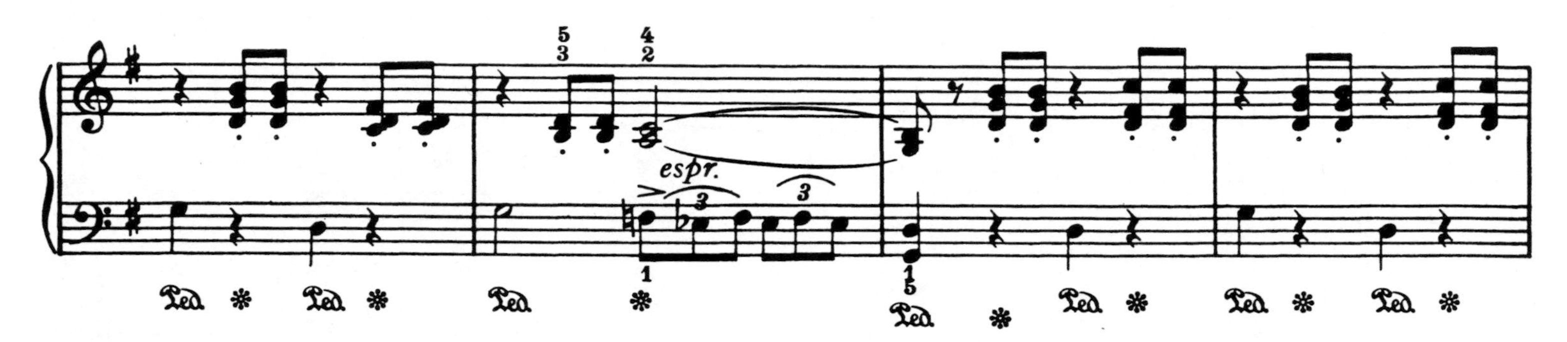
espr.

p
poco rit.

8
8

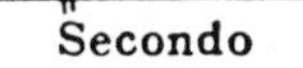

R.H.
mf
L.H.
rall. e dim.
Secondo
Meno mosso e poco scherzando
p slower and marked

espr.

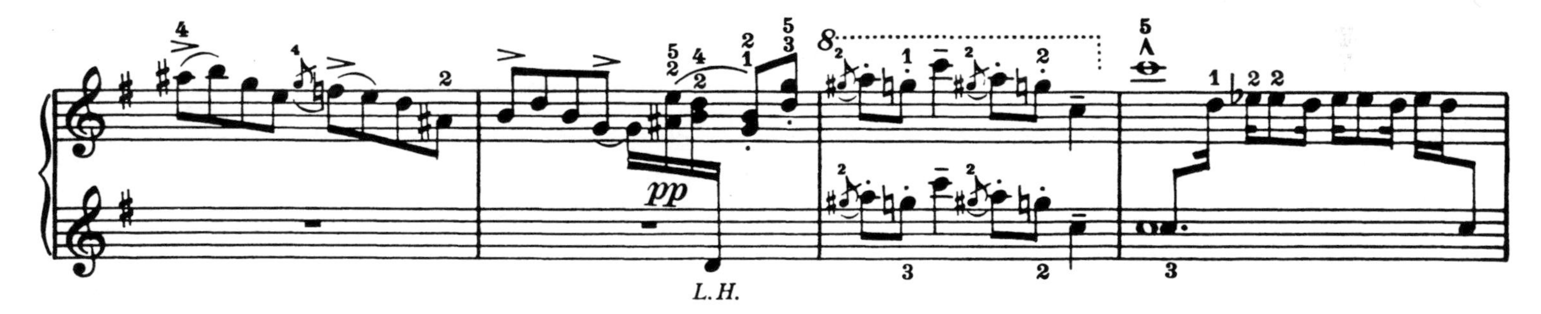
pp
L.H.
8

8

p
poco rit.

p a tempo

p

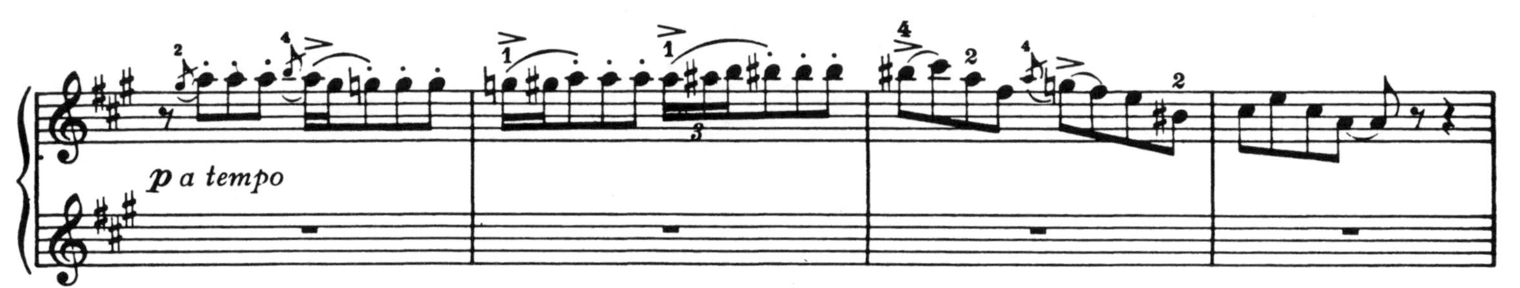
p a tempo

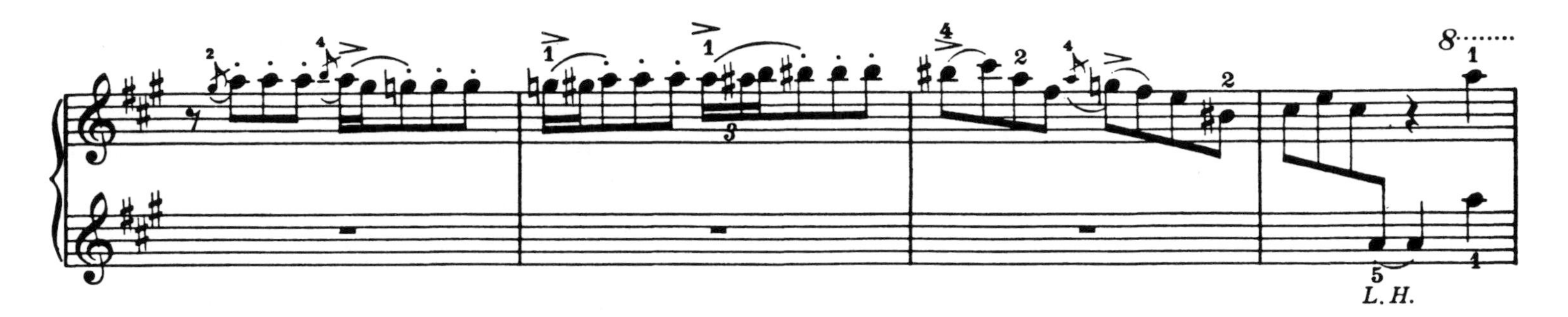
L. H.

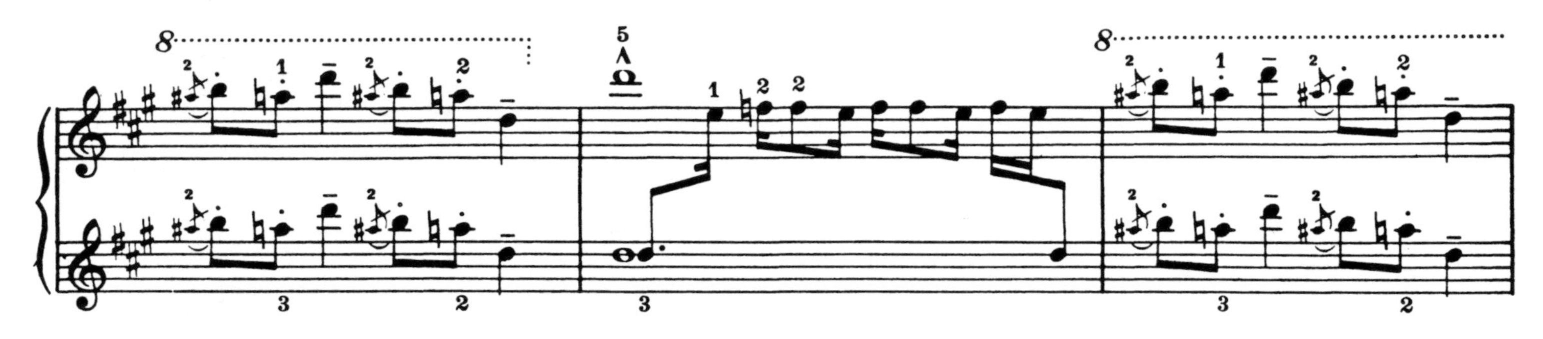

L.H.
L.H.

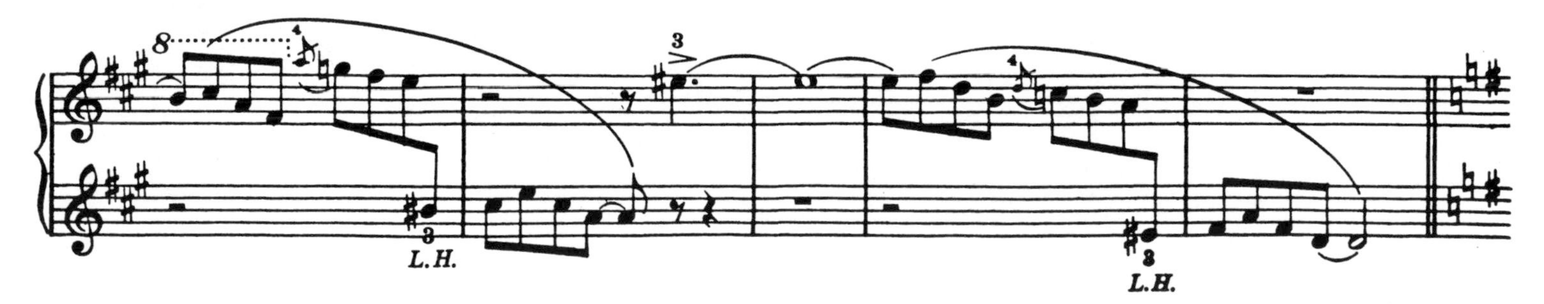
L.H.
L.H.

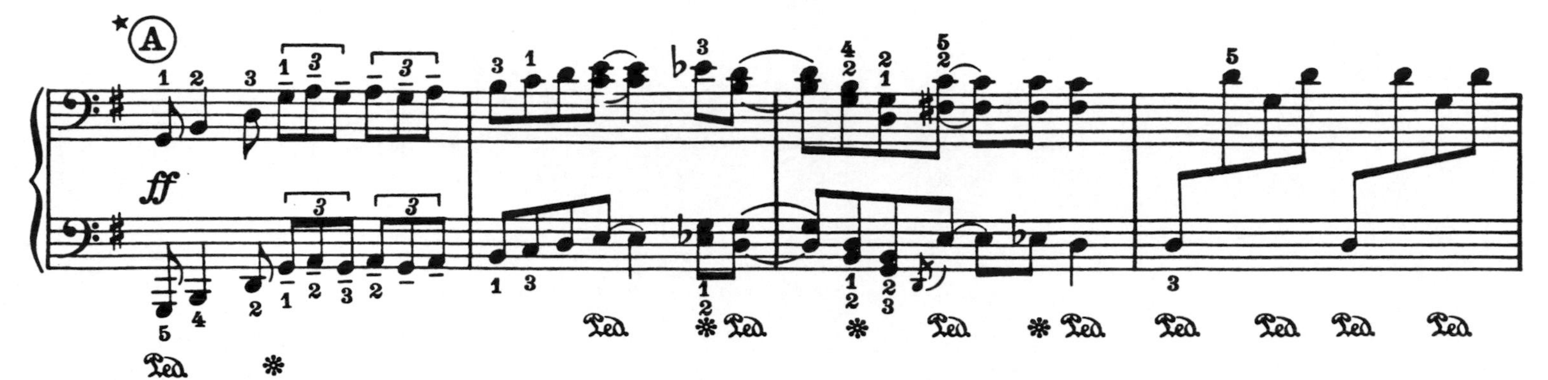

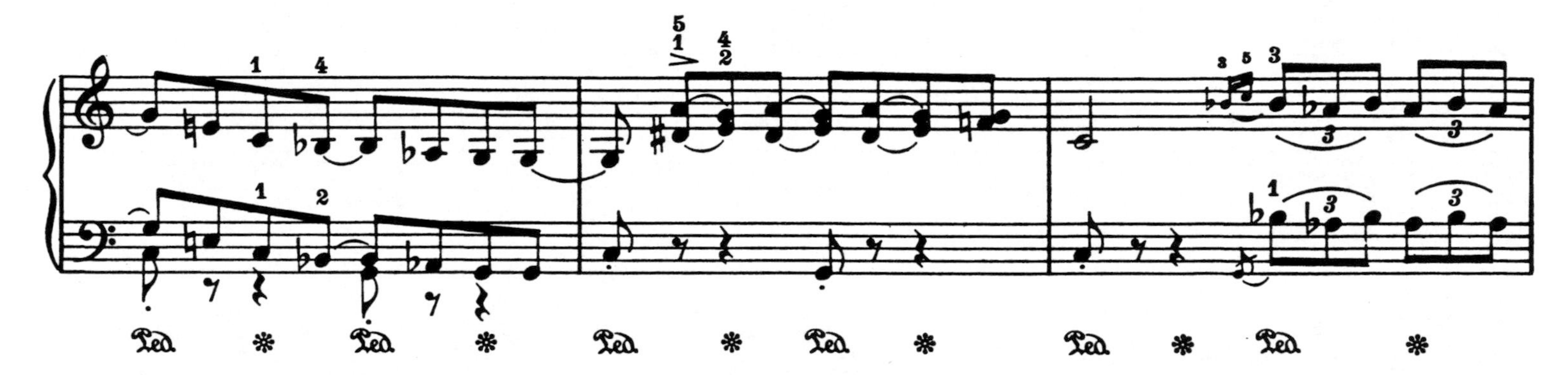

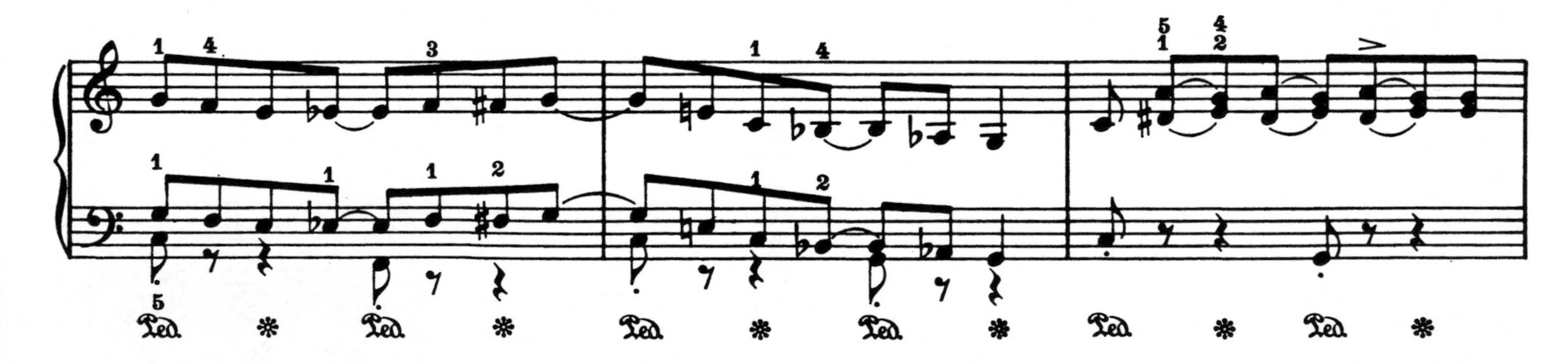

*Optional cut from Ⓐ to Ⓑ

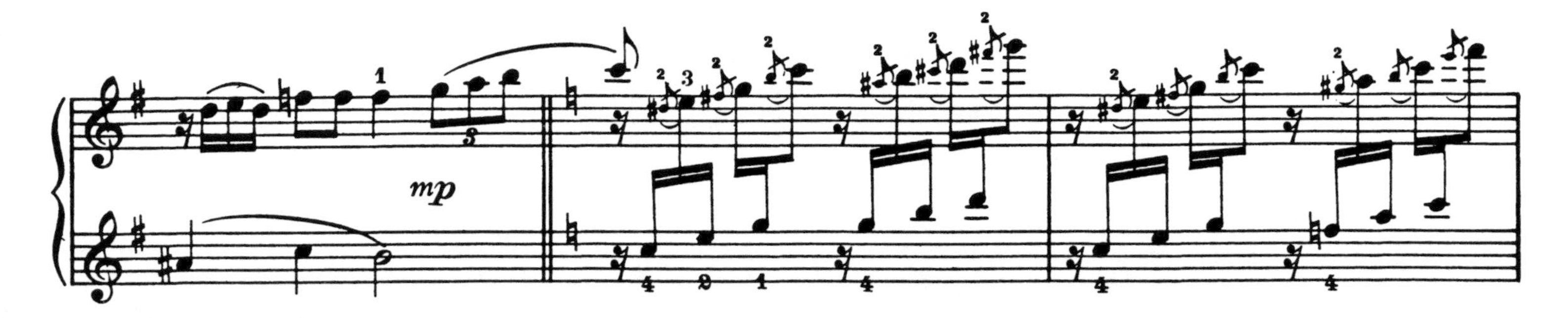

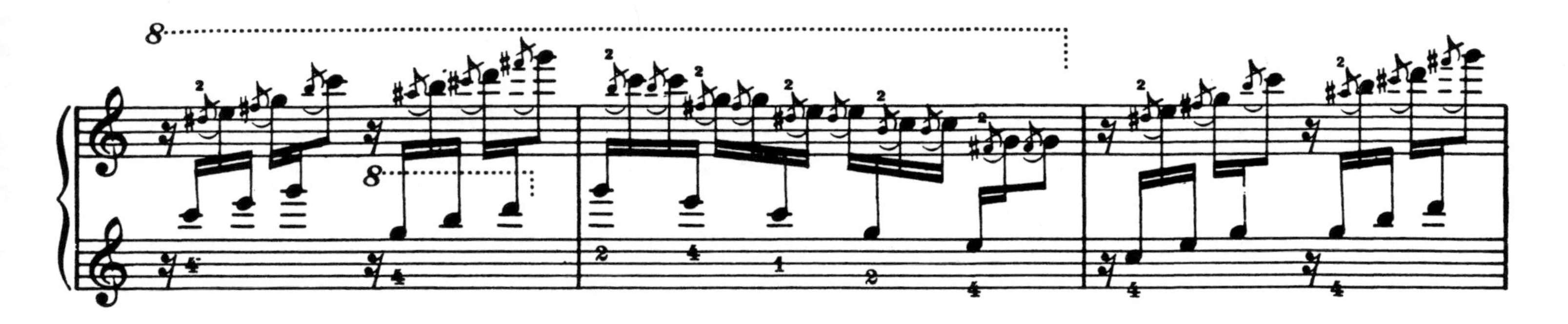

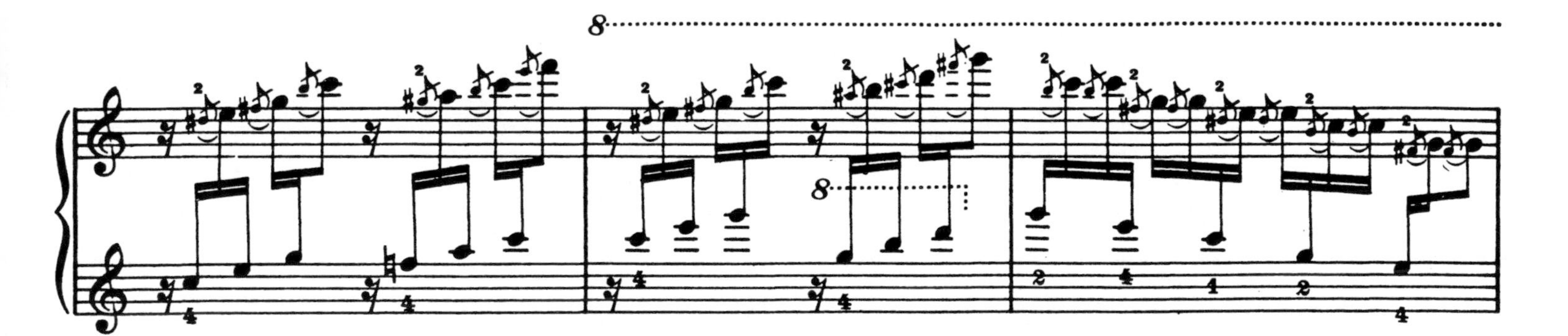

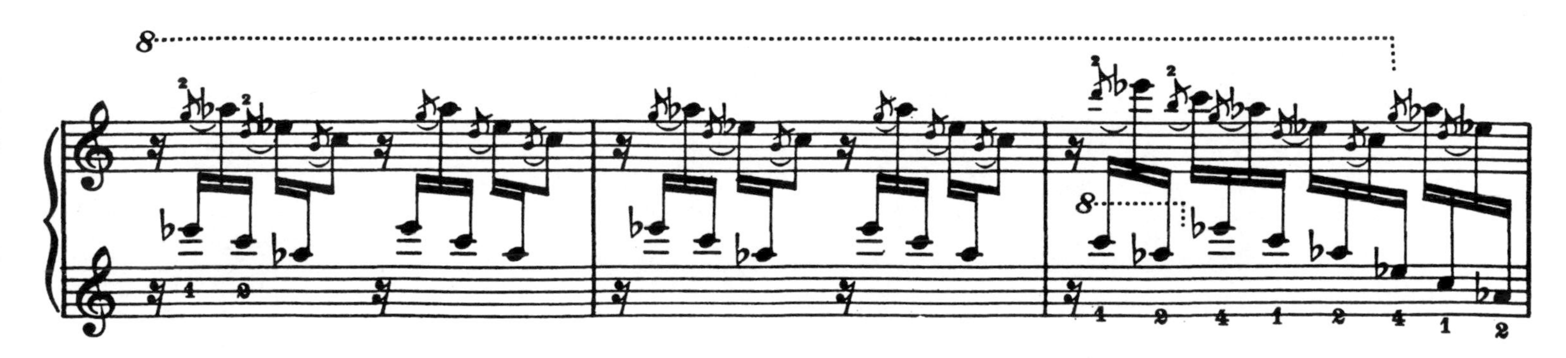

*Optional cut from (A) to (B)

mf
p
mf

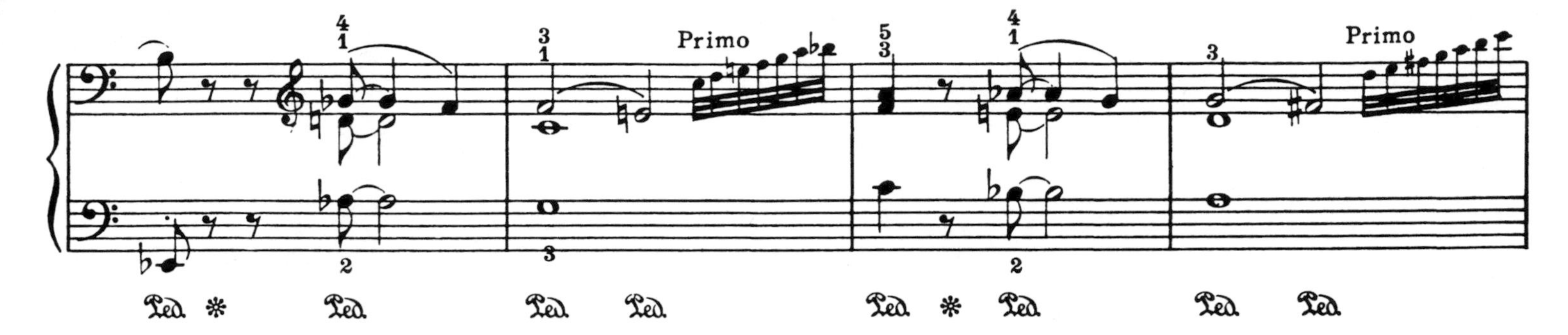
Primo
Primo

pp meno
poco
accel.
pp
cresc.

f
f

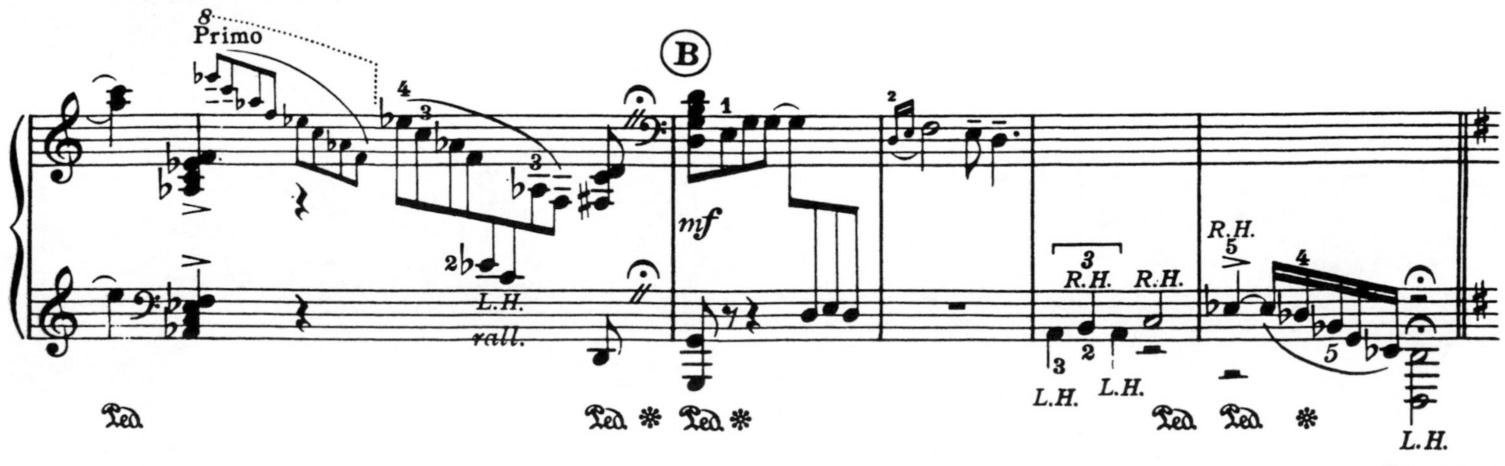
Primo
B
mf
L.H.
rall.
R.H.
R.H.
L.H.
L.H.
R.H.
L.H.

mf
p
mf

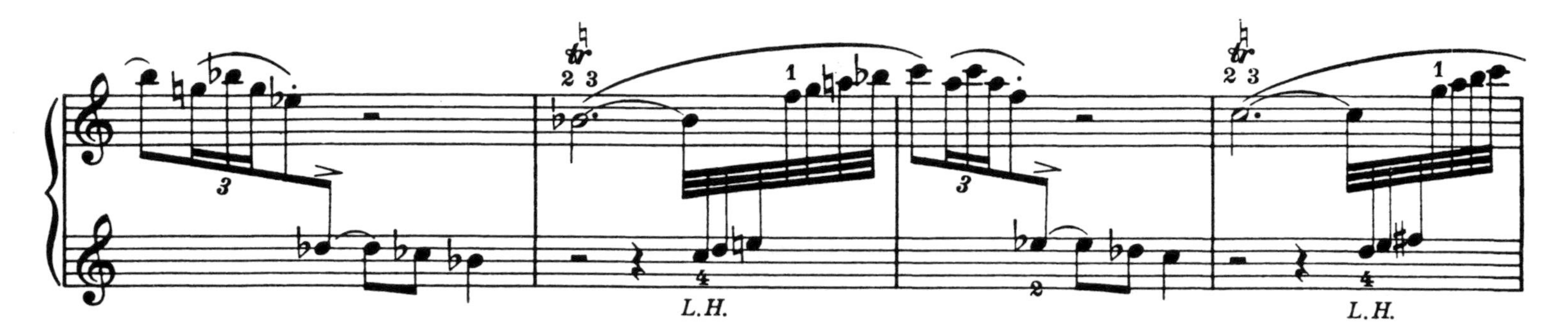
L.H.
L.H.

pp meno
poco accel.
pp
cresc.

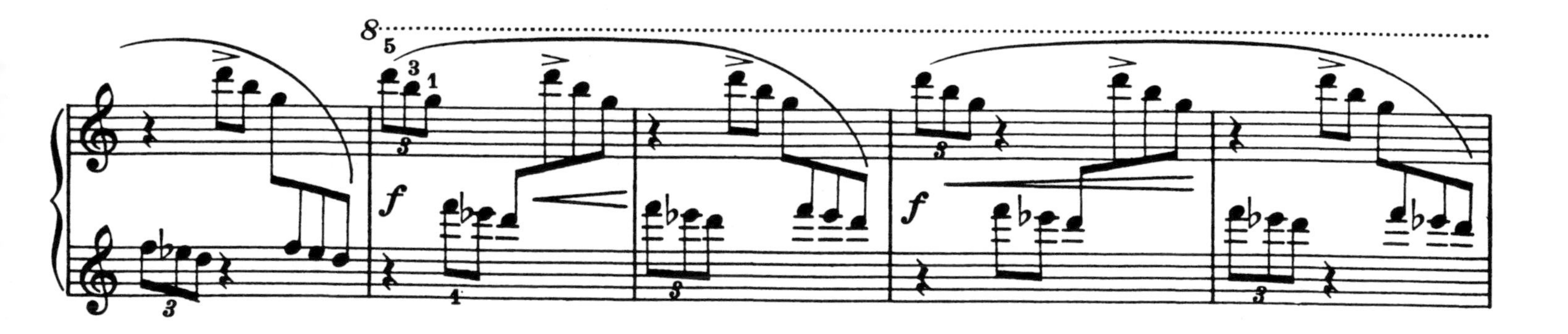
f
f

L.H.
B

mf a tempo

poco rall.

p a tempo

molto cresc.
ff agitato

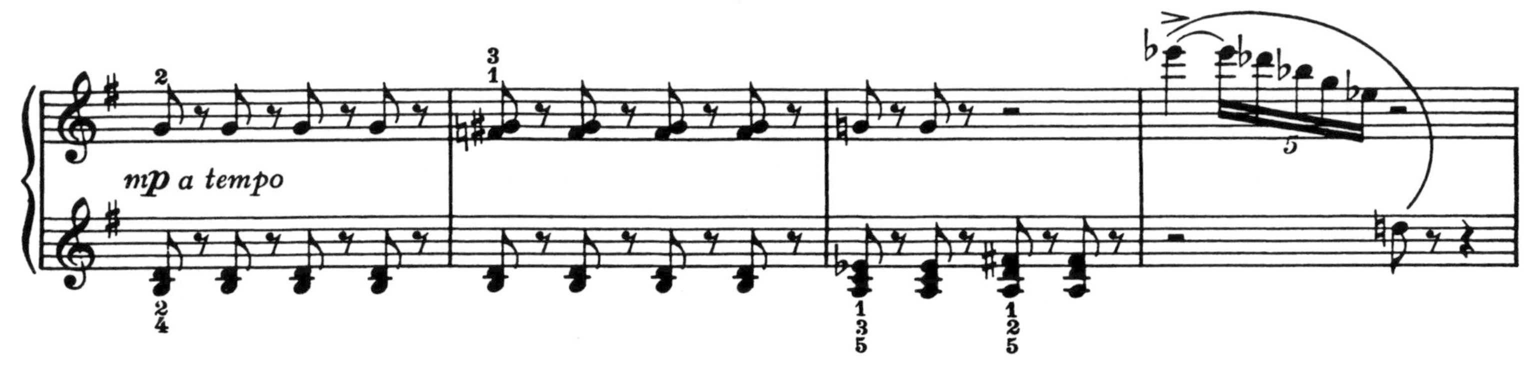
mp a tempo

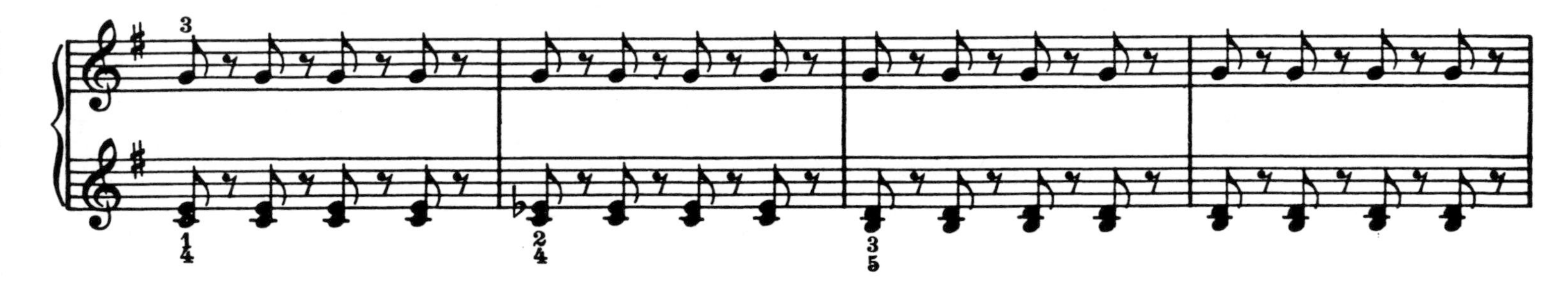

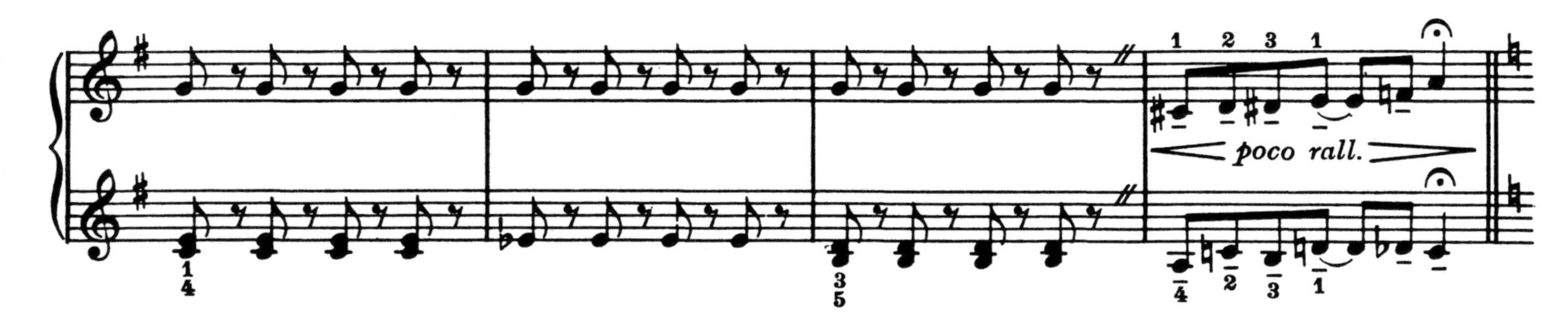
poco rall.

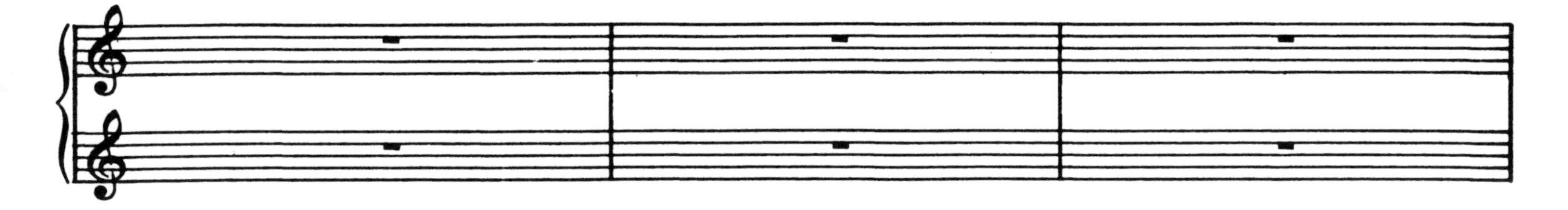

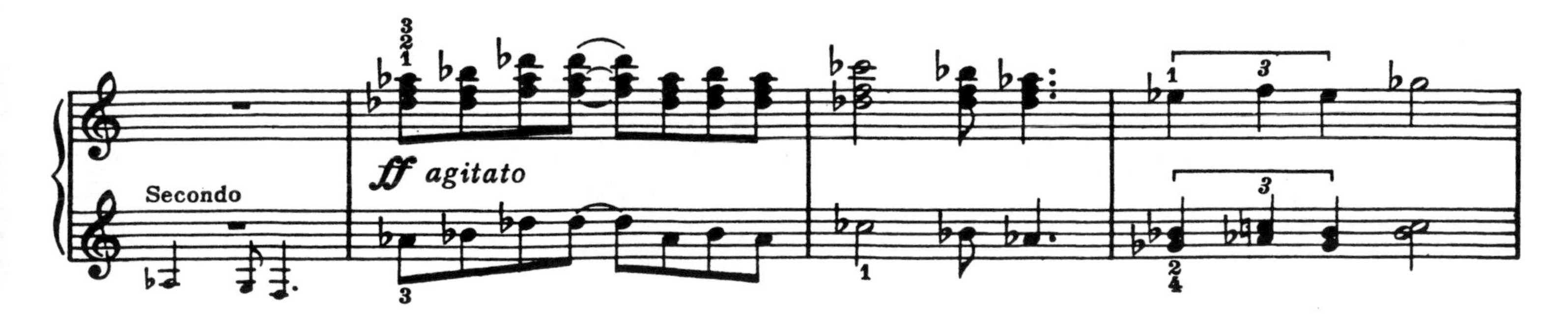
ff agitato
Secondo

SECONDO

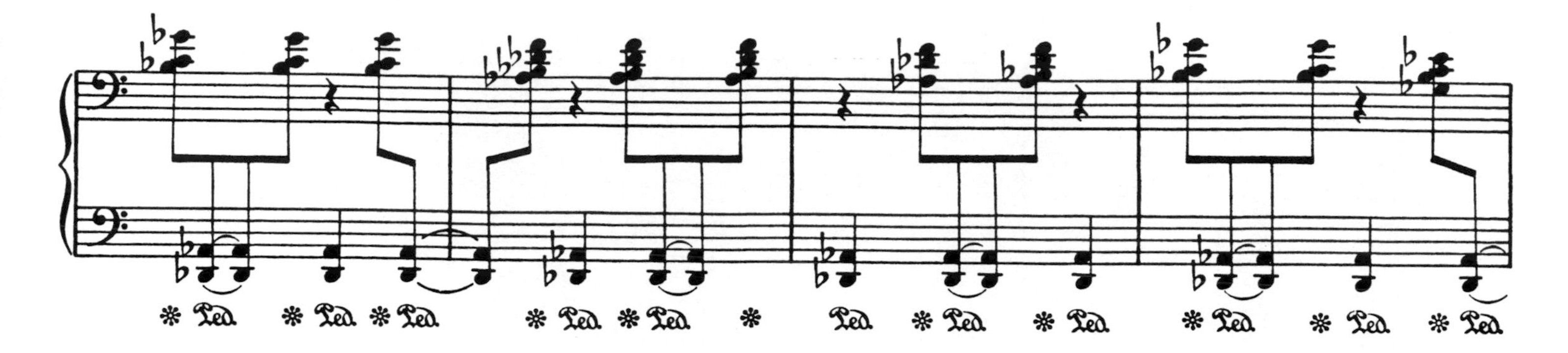

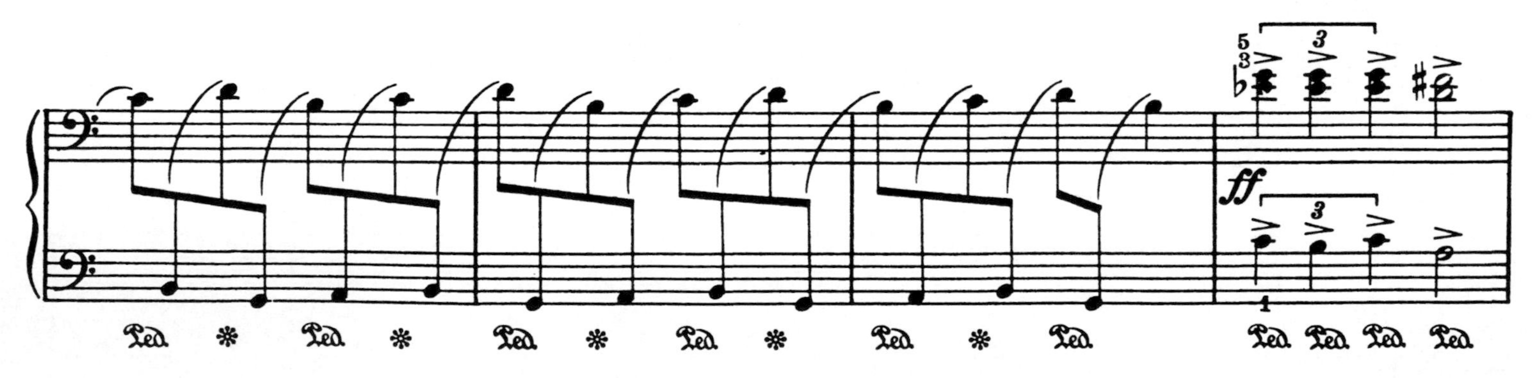

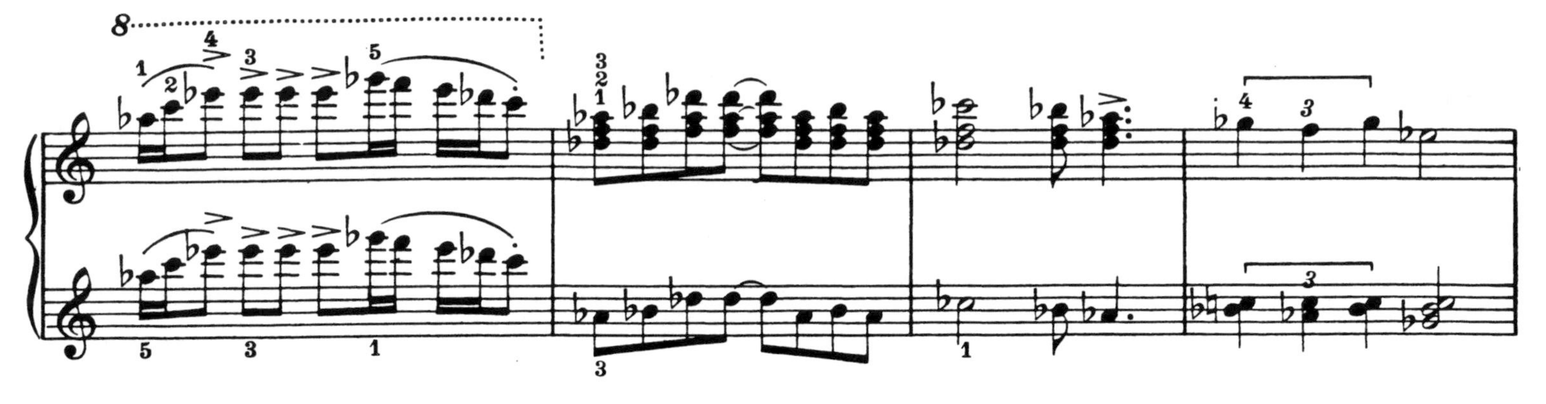

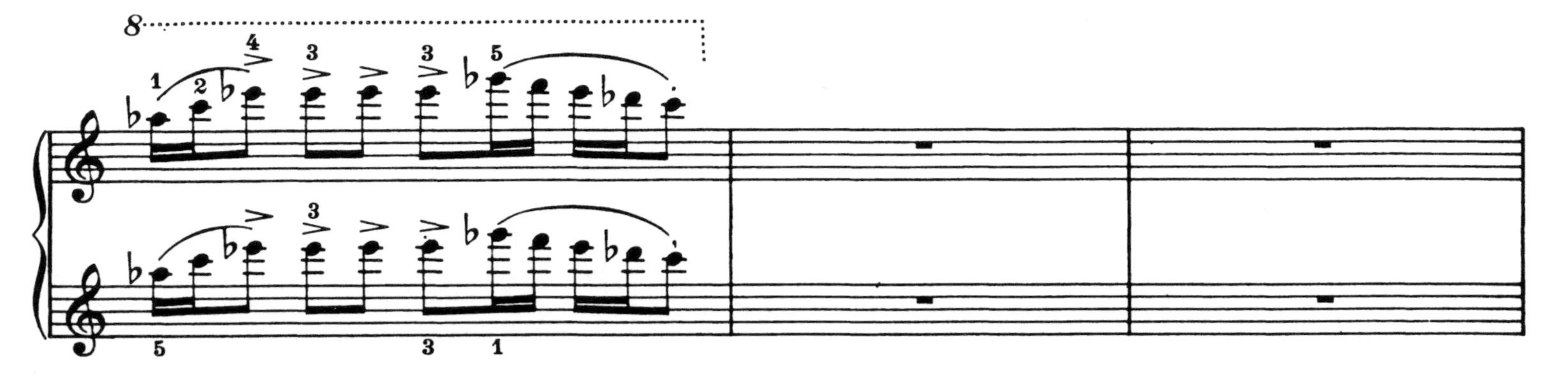

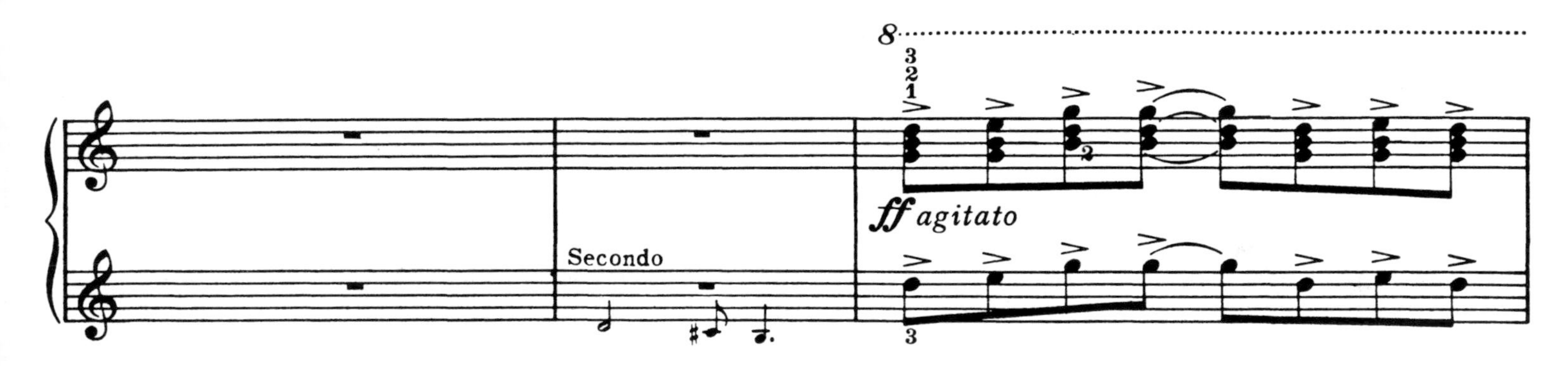
Secondo
ff agitato

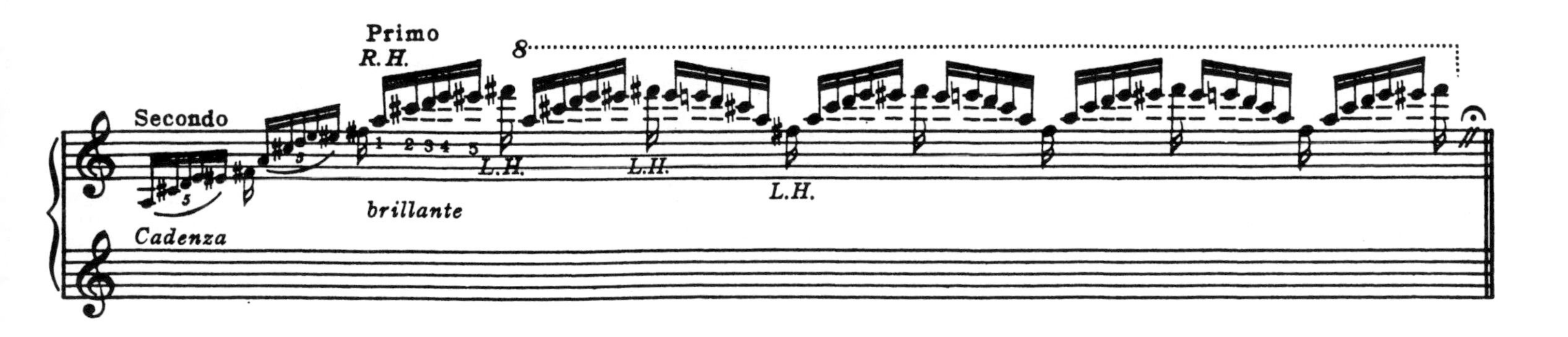
Primo
R. H.
Secondo
brillante
L.H.
L.H.
L.H.
Cadenza

sf
pp rubato e legato

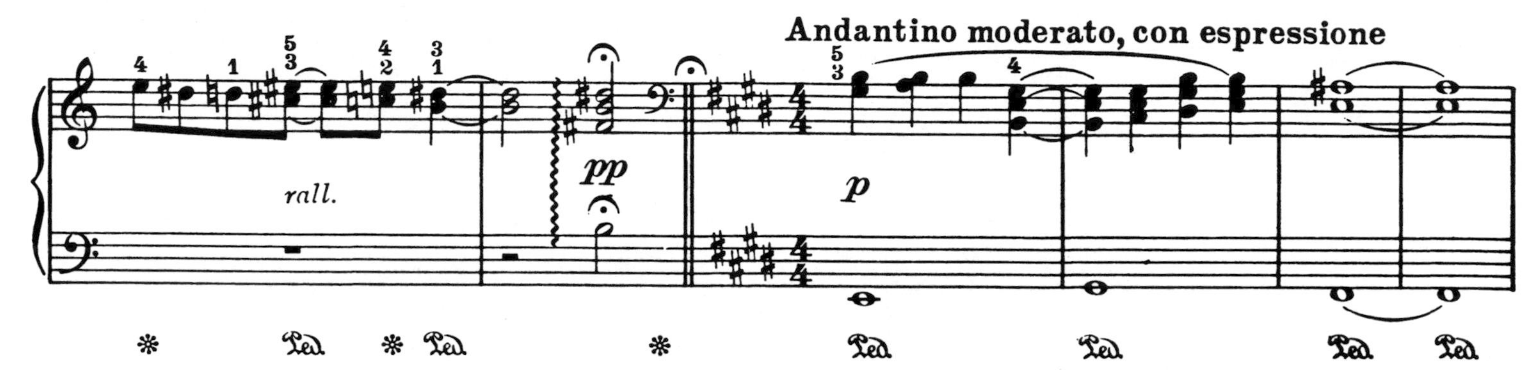
Andantino moderato, con espressione
rall.
pp
p

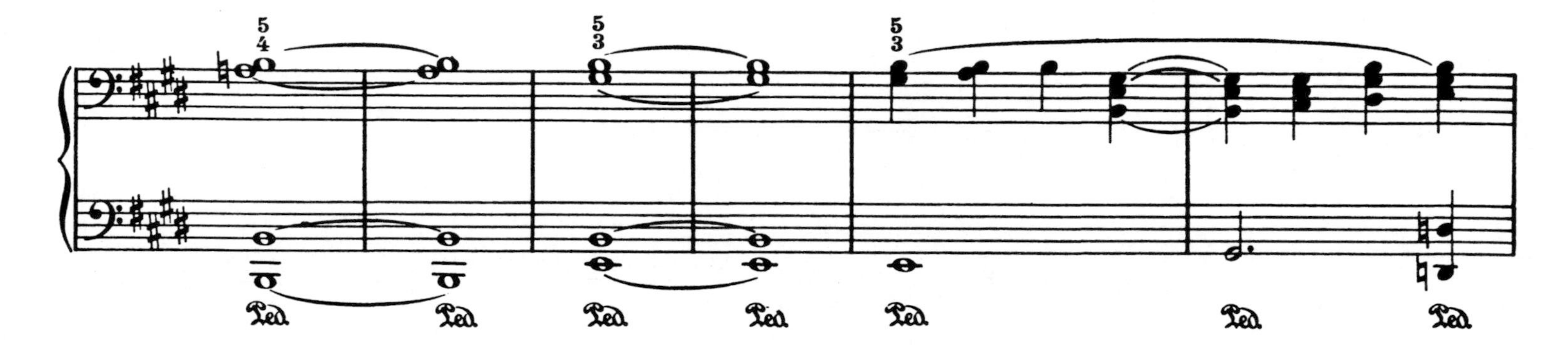

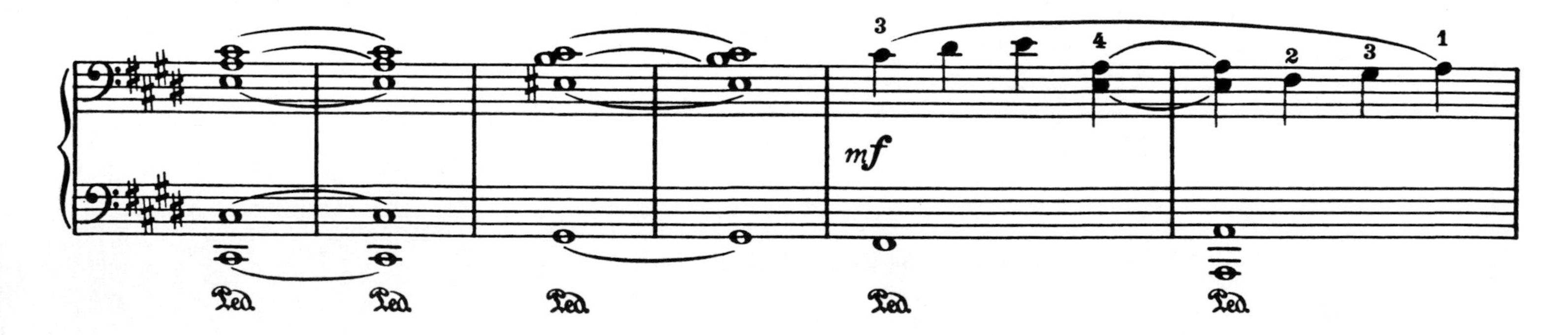
mf

mp rit.

sf
pp rubato e legato

Andantino moderato, con espressione
rall.
pp
mp

mf

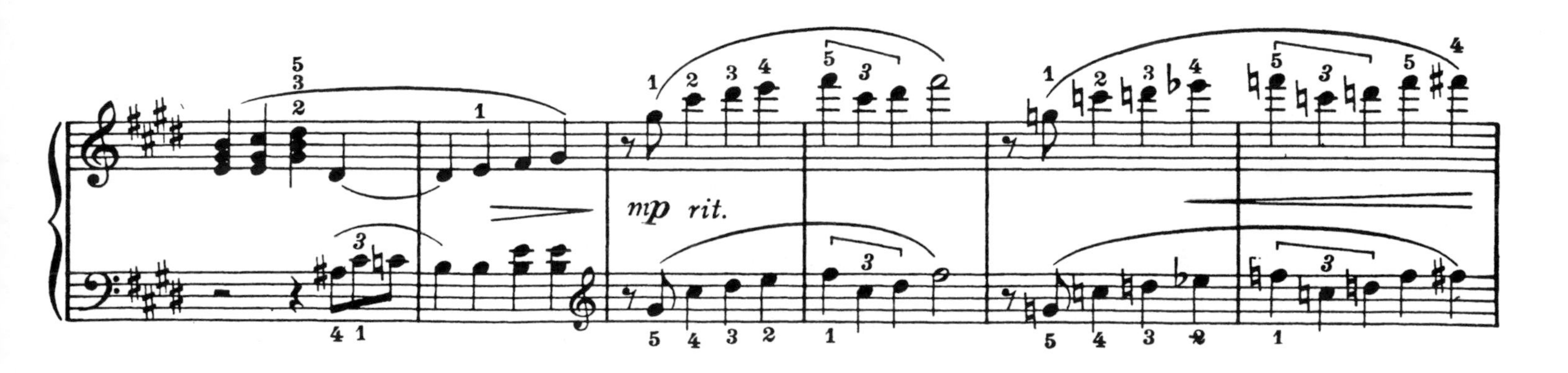
mp rit.

SECONDO

grandioso, ma non troppo
ff a tempo
poco rubato
grandioso
ff
cresc. ed accel.
ff
ff allargando
p a tempo
pp legato
poco a poco cresc.
f
dim.
mp
rall.

grandioso, ma non troppo
ff a tempo
poco rubato

grandioso
ff
cresc. ed accel.

ff
ff allargando

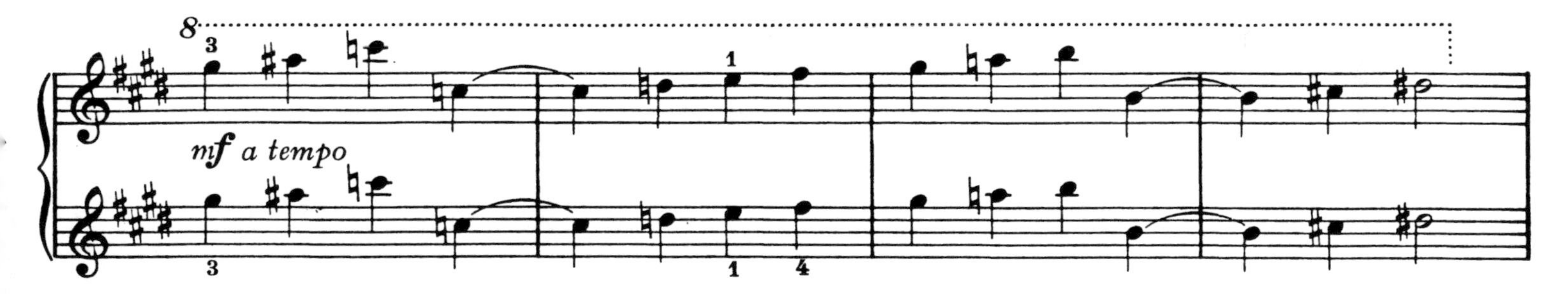
mf a tempo

pp legato
poco a poco cresc.

dim.
mp
rall.

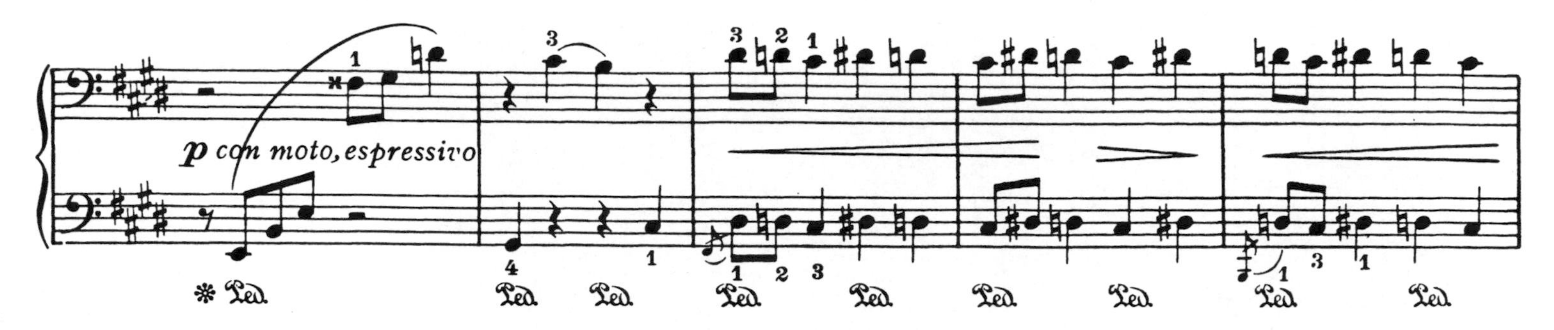
p con moto, espressivo
Ped.

mp espr.

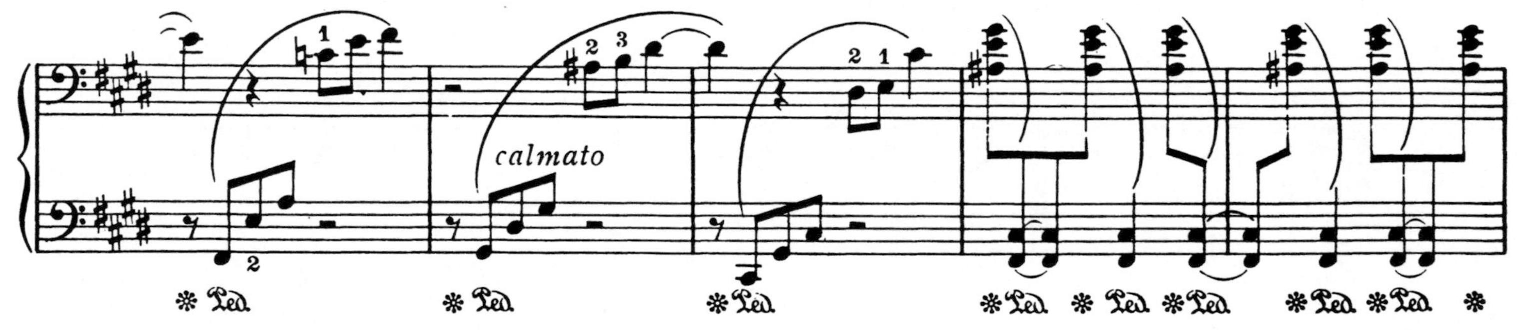
calmato

Leggiero
R. H.
L. H.
p assai staccato

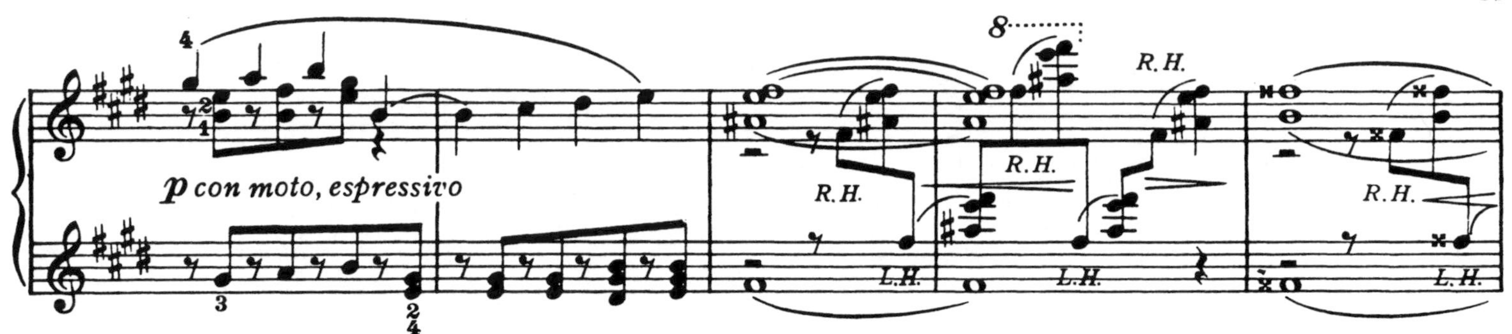
p con moto, espressivo
R.H.
L.H.

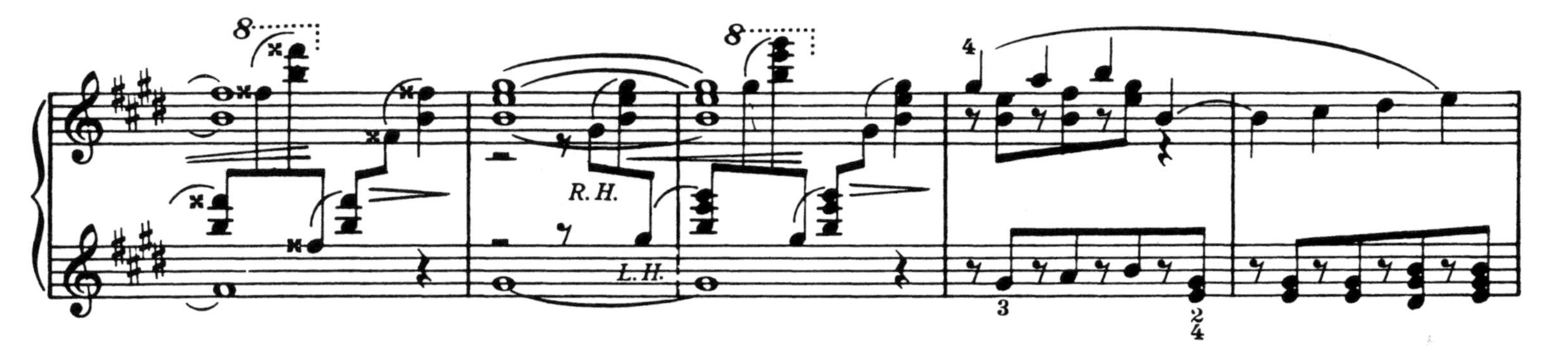
R.H.
L.H.

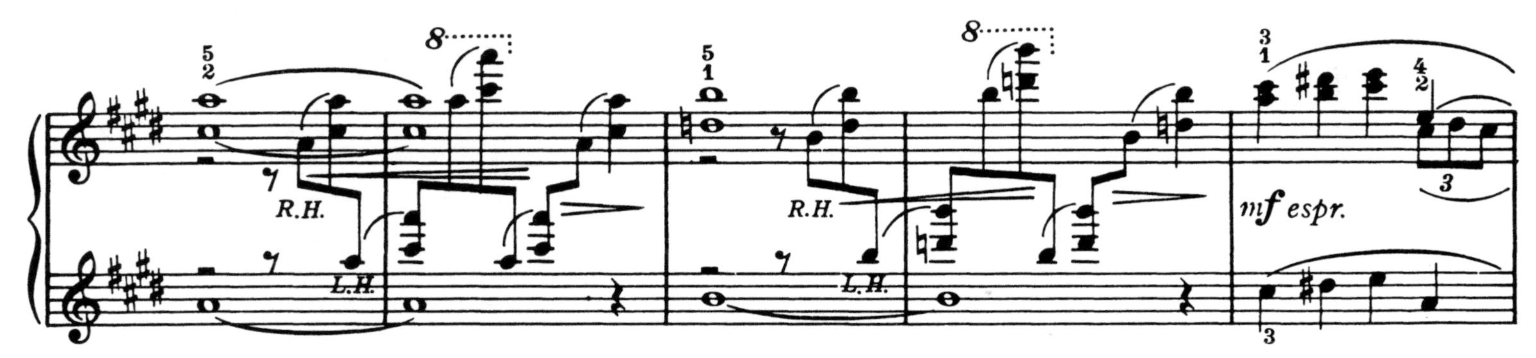
R.H.
L.H.
mf espr.

calmato

Leggiero

R.H.
L.H.
f assai staccato

*Optional cut from Ⓒ to Ⓓ

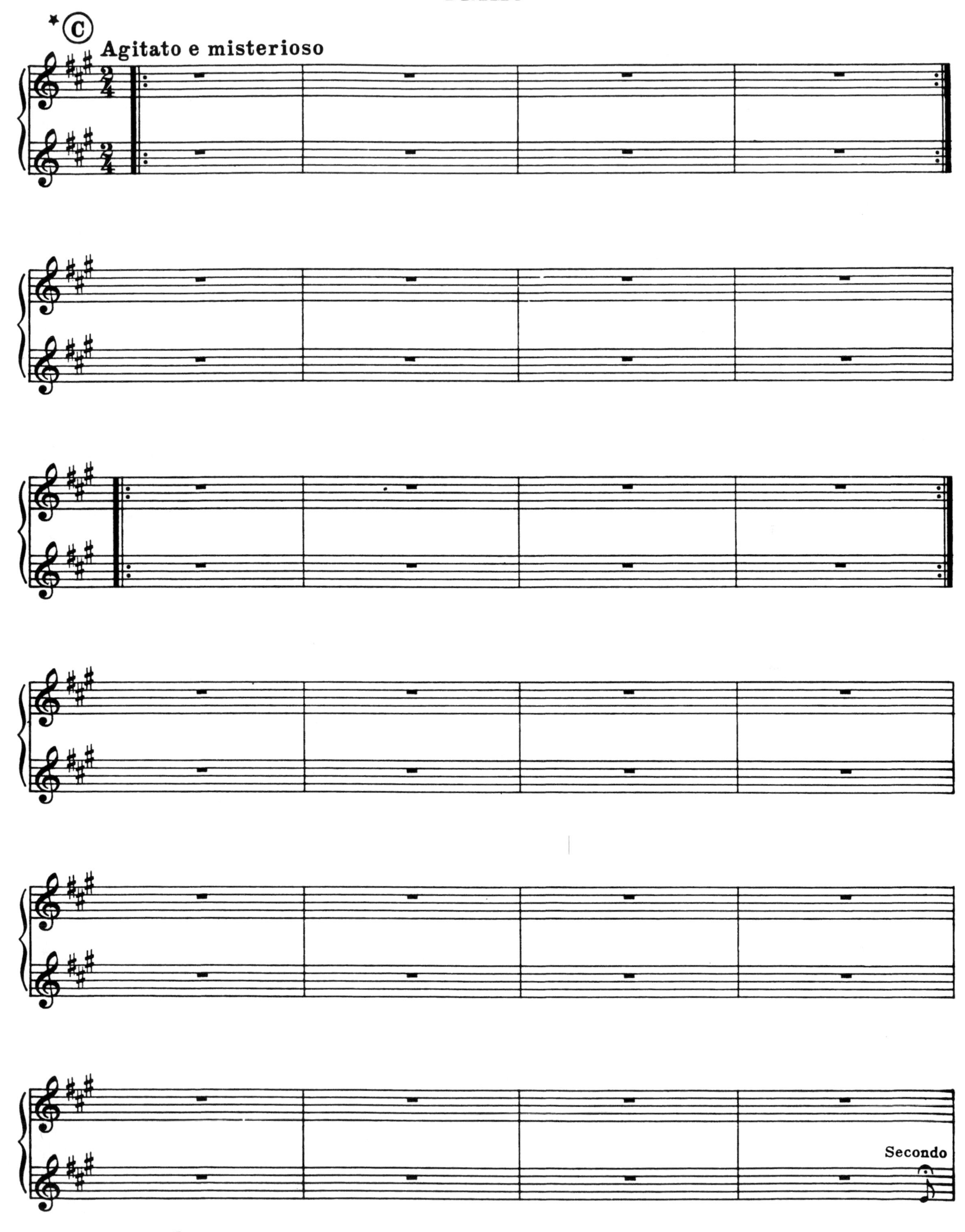

*Optional cut from Ⓒ to Ⓓ

sognando
mp
rall. e dim.
a tempo

mf

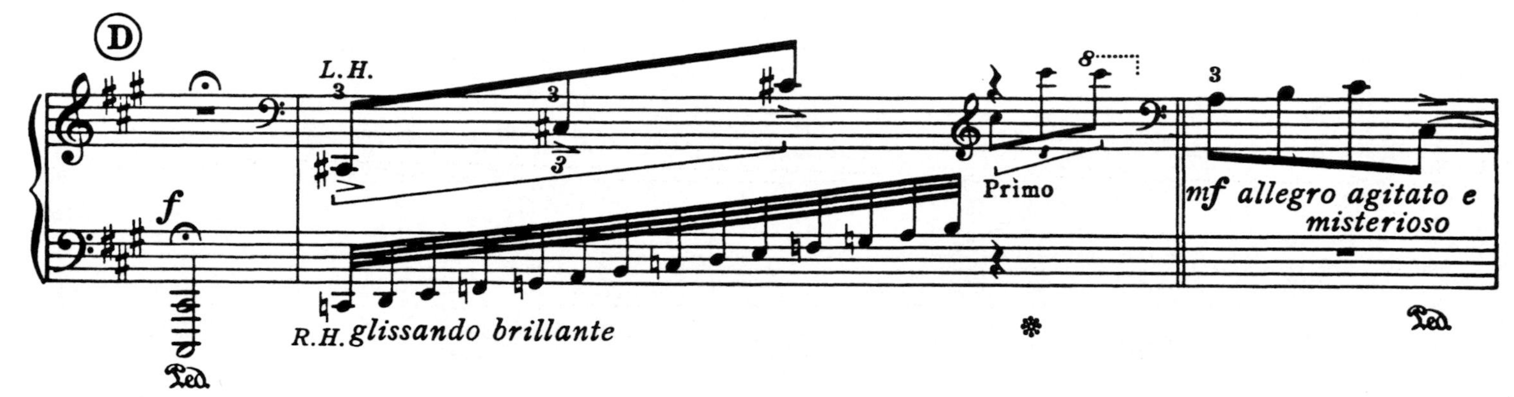
D
L.H.
f
R.H. glissando brillante
Primo
mf allegro agitato e misterioso

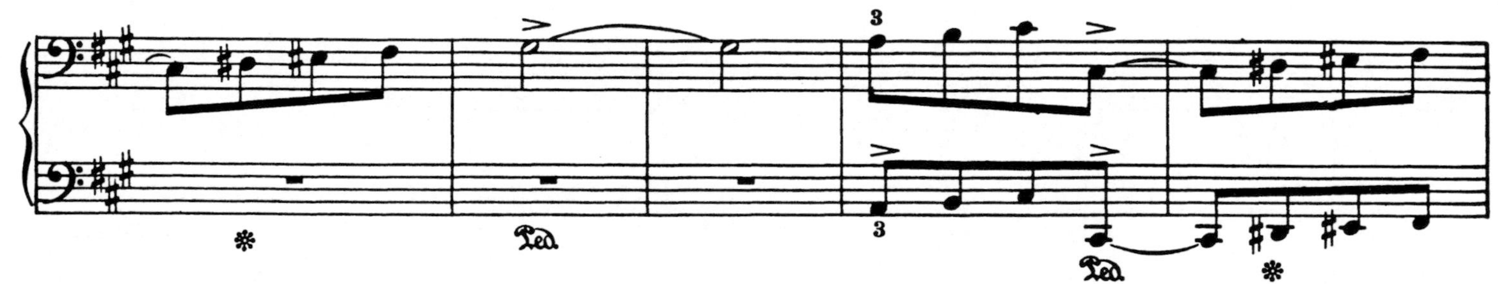

f pomposo
p

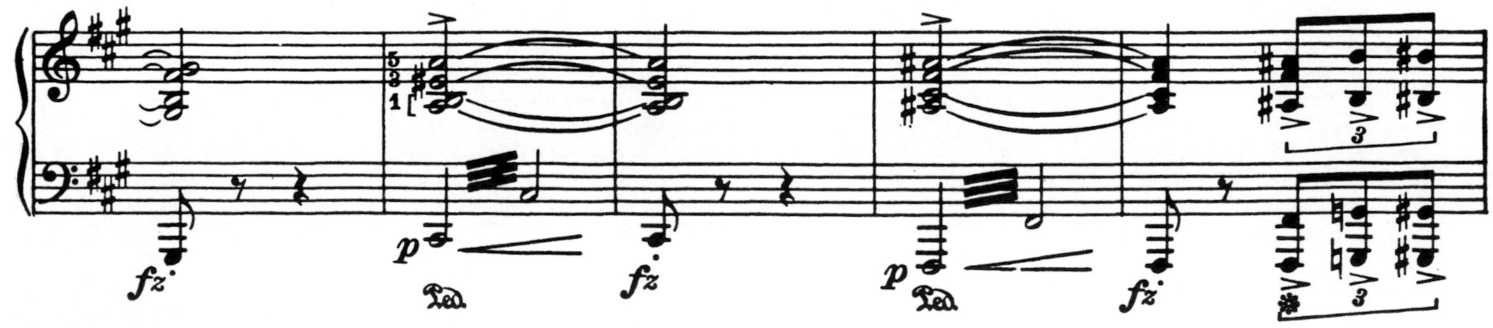
fz
p

L. H.
R.H.
mp sognando
rall. e dim.
mf a tempo

D
L. H.
Primo
R. H.
Secondo
glissando brillante
L. H.
R. H.
mf allegro agitato e
misterioso

f

f
p
fz

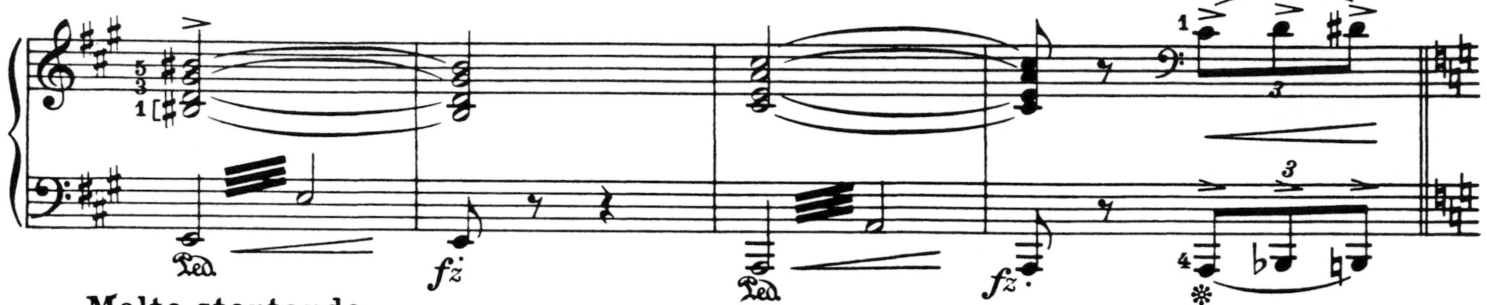
fz
fz

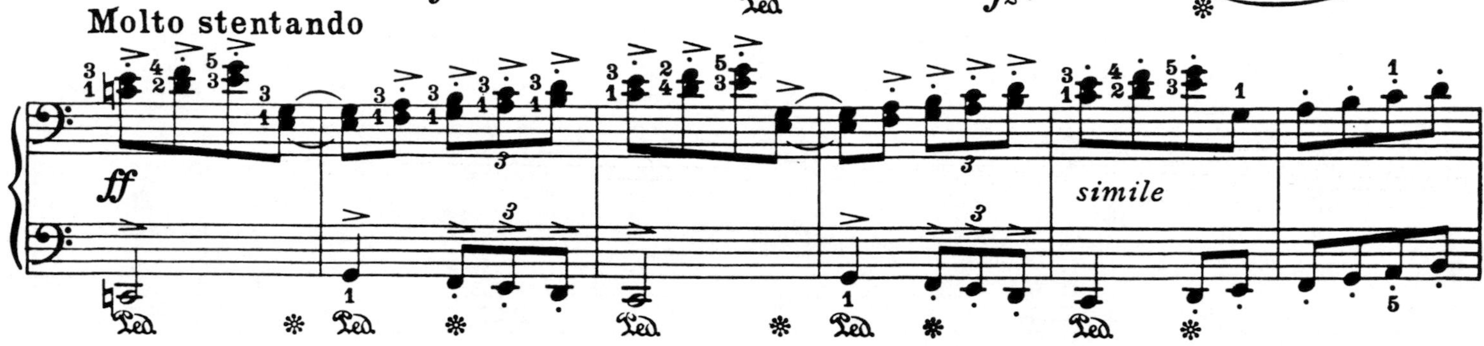
Molto stentando
ff
simile

ffz

Agitato
mf
poco a poco cresc.
fz

poco a poco cresc.

Molto stentando
ff
simile

ffz

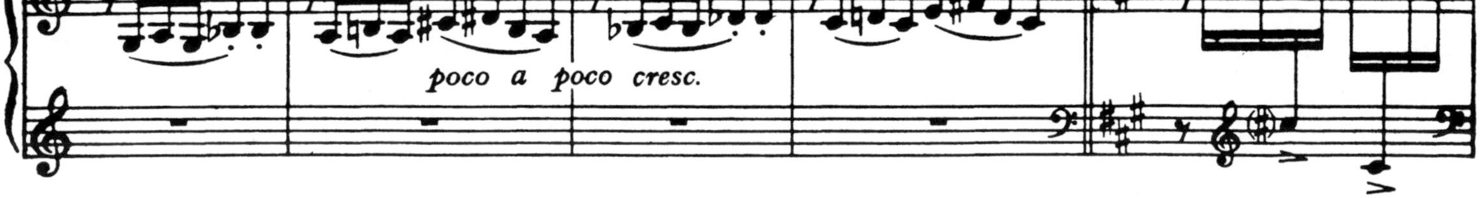
Agitato
poco a poco cresc.

poco a poco cresc.

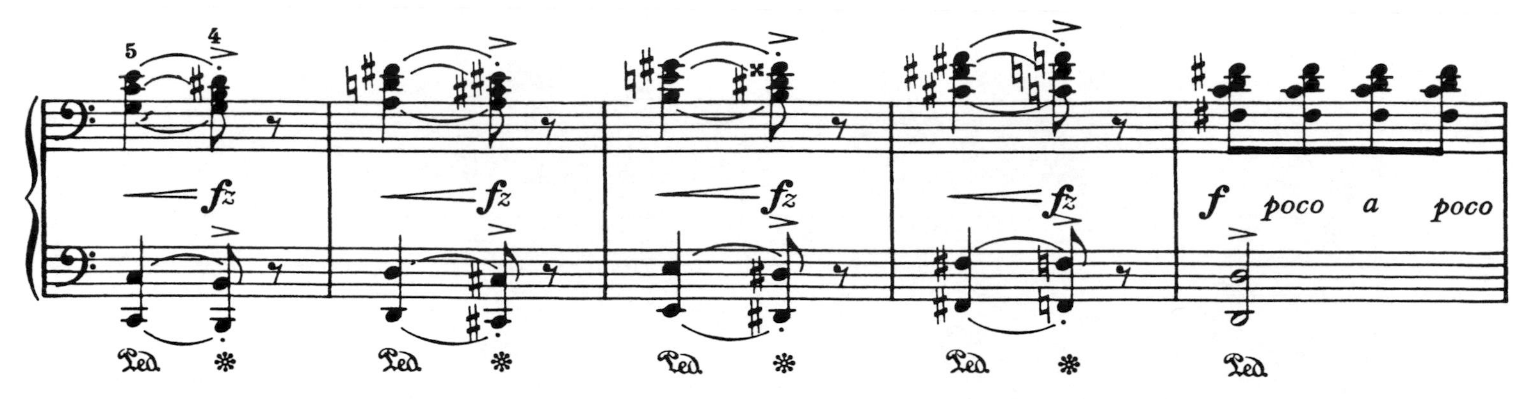

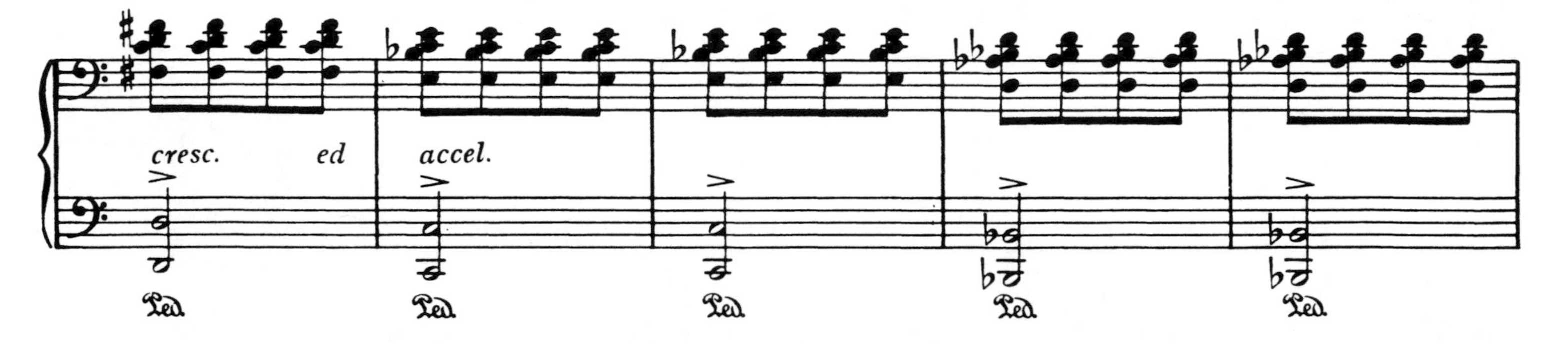

Grandioso *(Not too slow)*

L. H.
L. H.
poco

L.H.
L.H.
L.H.
a poco cresc.
ed accel.

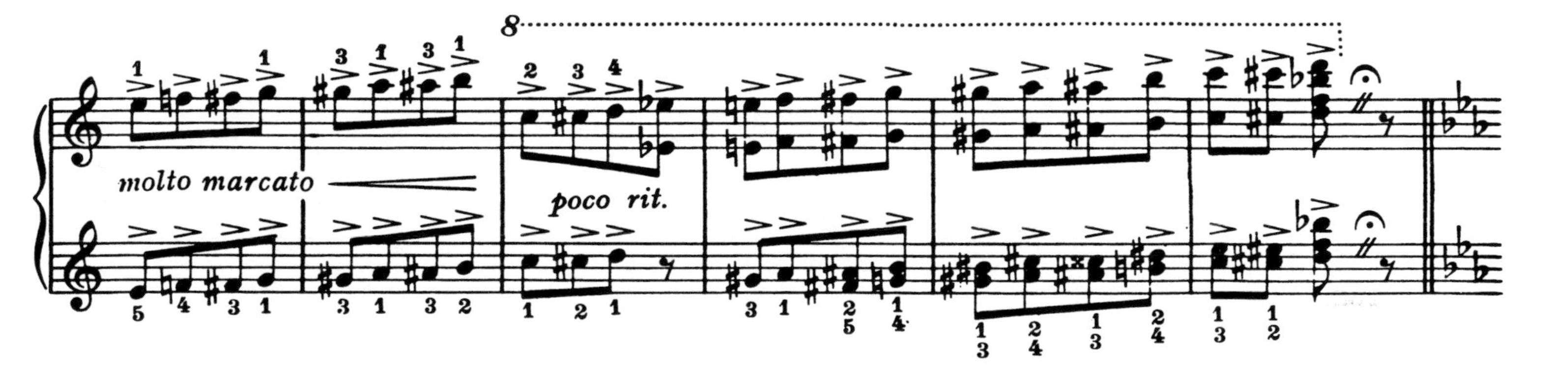

molto marcato
poco rit.

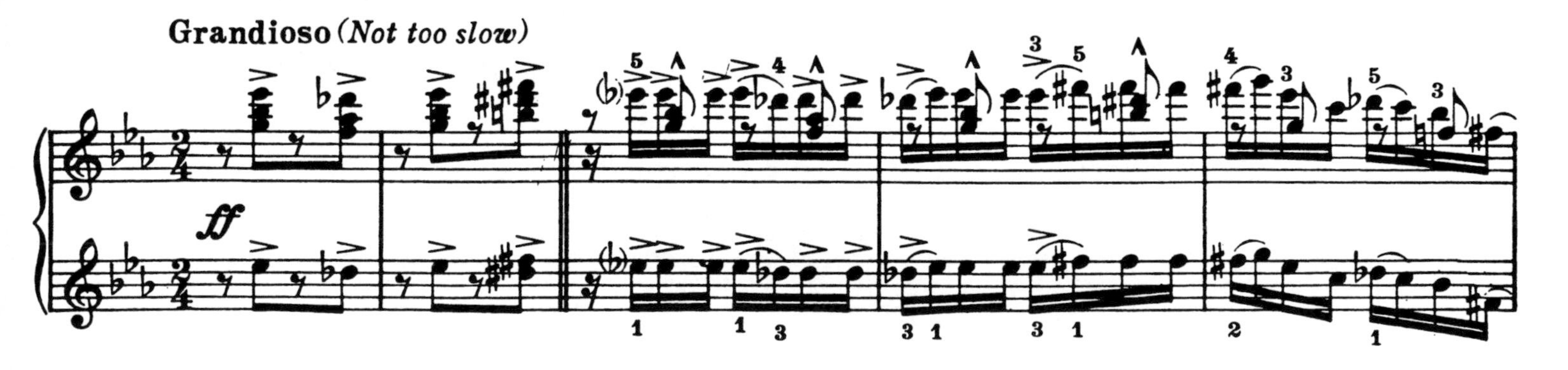

Grandioso (Not too slow)
ff

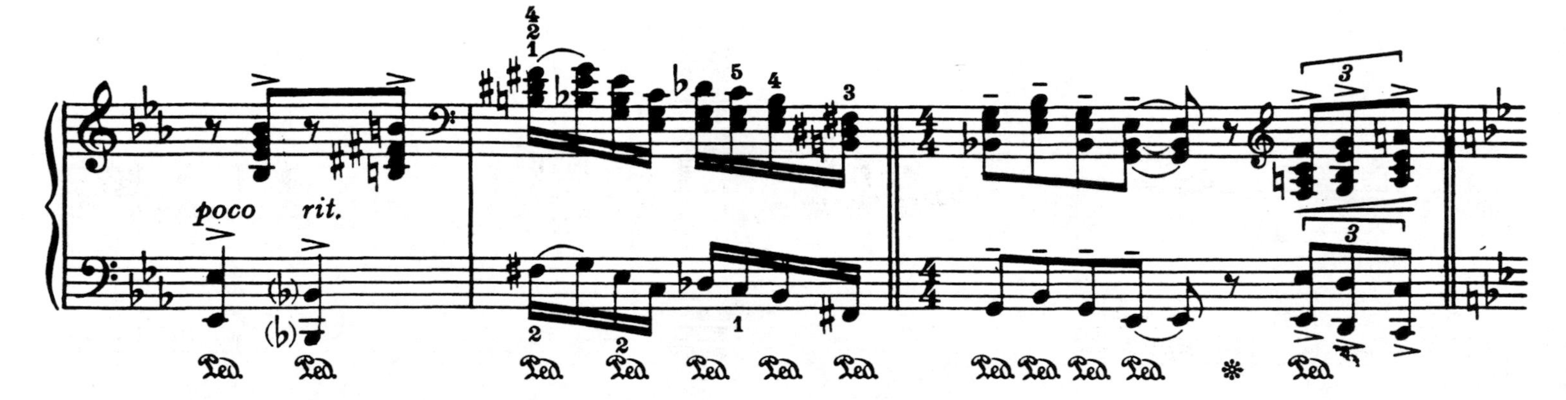

Molto allargando (Not too slow)

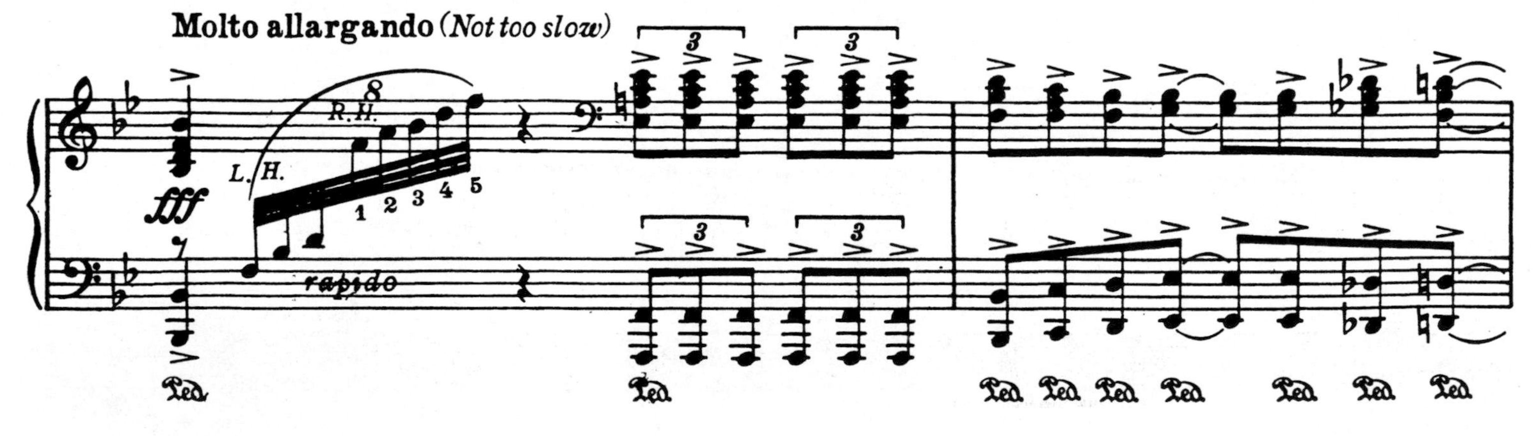